MIA SAN HOLLEDAUER

Adolf Widmann

Hallertauer Landsleut, ihre Heimat und ihr Leben

IMPRESSUM

Herausgeber und Verlag

© Galli Verlag + Vertrieb GmbH, 86558 Hohenwart, Tel.: 08443/8916, Fax: 08443/8917
E-Mail: galli-verlag@t-online.de, Internet: www.galli-verlag.de

Idee, Text, Photos

Adolf Widmann, Reiner Lehmann und privat

Titel   Adolf Widmann

Gestaltung und DTP

>two8 grafikdesign, München, www.two8.de

ISBN 978-3-931944-58-2
© 2000 beim Galli Verlag

3. Überarbeitete Ausgabe Ende 2007

MIA SAN HOLLEDAUER

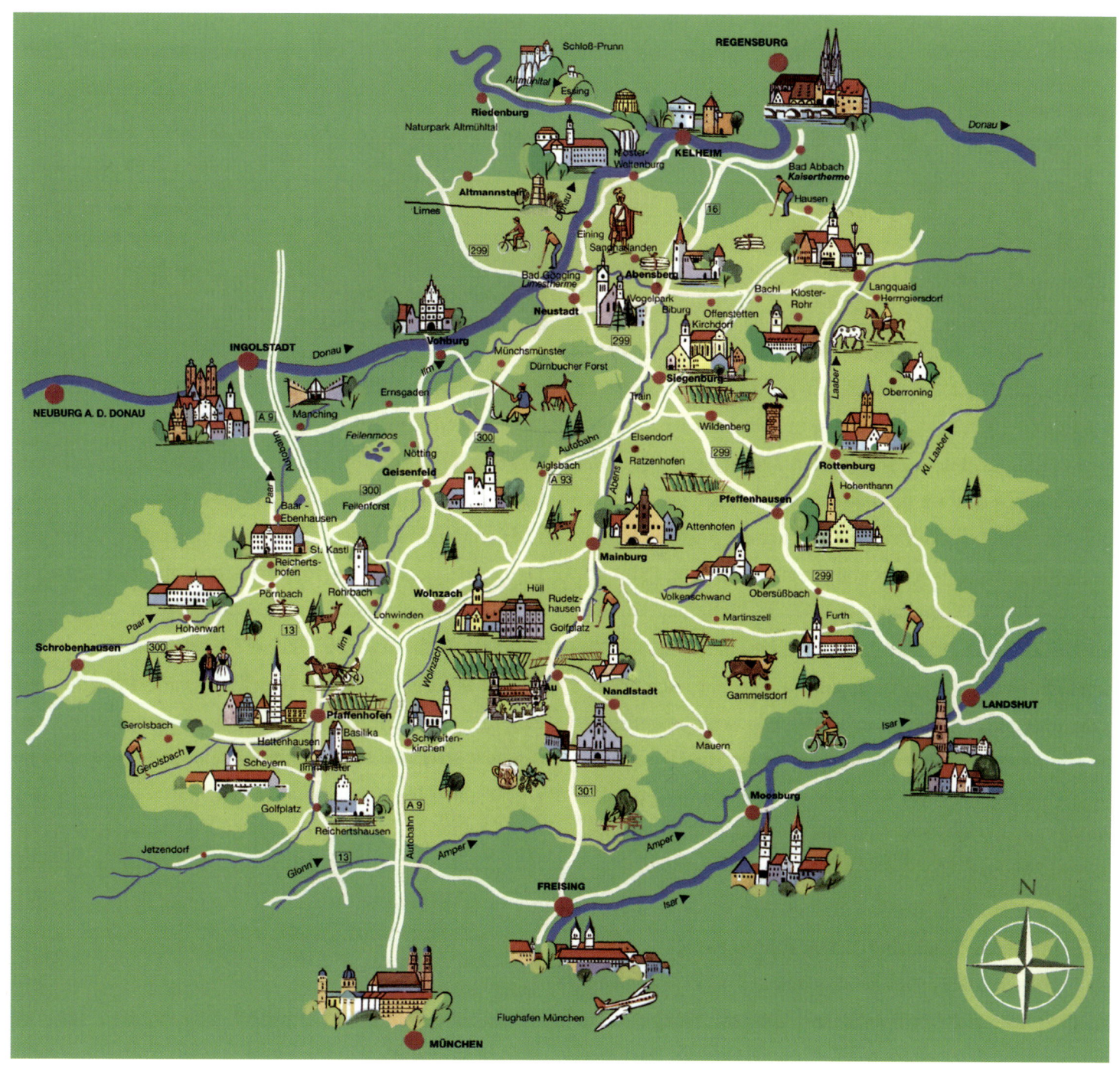

VORWORT DES VERFASSERS

„Mia san Holledauer" ist nicht nur der Titel eines der wenigen Lieder, die man als Lied aus der Hallertau bezeichnen kann; der Text ist auch eine ehrliche Selbstdarstellung des Hallertauers. Dies gilt zumindest für die Zeit in der das Lied entstanden ist. Es drückt auch ein wohlverstandenes Selbstverständnis aus, so war er halt und so hat er sich auch realistisch gesehen, der Hallertauer. Diesem Hallertauer nachzuspüren, das war mein Anliegen und ist Gegenstand dieses Buches. Es versteht sich als Ergänzung zu den bereits vorhandenen Heimatbüchern.

Wie sehr es notwendig ist die angesprochenen Themen einigermassen fundiert darzustellen, habe ich bei der Bearbeitung immer wieder festgestellt. So sind zwar die Aussagen des Johann Turmair und des Joseph von Hazzi vielfach bekannt, sie decken aber nur die Zeit vor 1800 ab. Wer sich ein Bild vom Hallertauer und selbstverständlich auch von der Hallertau in den zurückliegenden 200 Jahren verschaffen will, muss in vielen verstreuten Schriften und Aufsätzen suchen. Das hat mich bei anderen Arbeiten oft geärgert und dem verehrten Leser wird es gelegentlich nicht anders ergangen sein. Das war mit ein Grund für die Herausgabe dieses Buches. Die Vergangenheit bis herein in die Gegenwart quasi auf einen Blick darzustellen, das war eine von mir seit langer Zeit verfolgte Absicht aber auch ein Wunsch, den ich mir nun selbst erfüllt habe.

Der Anklang, den dieses Buch bisher gefunden hat, bestätigt mich nun in meiner Meinung und in meinen Plänen. Zwei Auflagen mit 7.000 Büchern sind abgesetzt und haben interessierte Leser gefunden. Die laufende Nachfrage hat den Verleger Josef Galli und mich bewo-

gen, eine weitere Auflage auf den Markt zu bringen. Diese Neuauflage hat mir Gelegenheit gegeben, das Buch zu aktualisieren. In dem neuen Kapitel „Hallertauer Spezial" ist auf das Deutsche Hopfenmuseum in Wolnzach eingegangen. Dies war mir ein Anliegen, ist doch im Museum die Hallertau auf einen Blick zu sehen. Ebenso wird auf Neuerungen auf dem Gebiet des Hopfens, im Bereich der Kultur in der Hallertau und auf aktuelle Überlegungen in wirtschaftlicher Hinsicht eingegangen.

Damit steht dem Leser wieder ein historisches Werk über die Hallertau auf neuestem Stand zur Verfügung. Dass diese dritte Auflage möglich wurde, ist in besonderem Masse dem Verleger Josef Galli zu verdanken. Seine Mitwirkung bei der Gestaltung und sein Verkaufstalent haben massgeblichen Anteil am Verkaufserfolg. Gegenüber den beiden vorausgegangenen Auflagen habe ich auch besonders Dr. Christoph Pinzl für seine Mitwirkung bei den Aussagen zum Hopfenmuseum zu danken. Selbstverständlich gilt mein Dank auch allen, die mich vom Beginn dieser Arbeit an bis zur Fortschreibung freundschaftlich begleitet und unterstützt haben.

Reichertshausen, im August 2007
Adolf Widmann

INHALTSÜBERSICHT

GELEITWORTE

Nach alter Überlieferung war die Hallertau, die in der Mundart Holledau genannt wird, eigentlich nur ein kleiner Wald auf einem Hügel hinter Hirschbach in der heutigen Gemeinde Kirchdorf an der Amper. Allmählich aber dehnte sich der Begriff immer weiter aus, so dass heute mit der Hallertau das große Hopfenanbaugebiet gemeint ist, das sich nördlich von Freising bis zur Donau erstreckt. Dieses tertiäre Hügelland mit seinen sanften Erhebungen und Tälern, die von Bächen und Flüssen durchzogen sind, mit seinen Wäldern und Wiesen, Feldern und Hopfengärten hat einen besonderen Menschenschlag hervorgebracht und eine eigene Kulturlandschaft entwickelt. Adolf Widmann beleuchtet Land und Leute in der Hallertau aus den verschiedensten Blickwinkeln und vermittelt darüber einen umfassenden Überblick. Dabei schöpft der leidenschaftliche Heimatforscher sein Wissen nicht nur aus Büchern und Schriften, sondern auch aus den Erzählungen älterer Hallertauer und vor allem aus eigener Kenntnis und eigenem Erleben, ist er doch selbst ein Kind der Hallertau.

Ich wünsche, dass beim Lesen dieses Buches nicht nur die wehmütige Erinnerung an vergangene Zeiten geweckt wird, sondern dass dadurch auch die Kenntnis über unsere heimatliche Kultur und Geschichte wächst.

Manfred Pointner
Landrat des Landkreises Freising

Adolf Widmann, einer der fundiertesten Kenner der Hallertau, hat mit seinem Buch "Mia san Holledauer..." der bereits vorhandenen Literatur eine wertvolle Ergänzung beigefügt. Die Hallertau, das reiche bäuerliche Hopfenland im Süden des Landkreises Kelheim, eröffnet sich dem Leser mit all ihrer Vielfalt in Historie, Brauchtum und Sitte. Neben den hervorragenden Aufsätzen bieten eine gute Bildauswahl, Quellenangaben und das umfangreiche Schlagwortverzeichnis Gewähr für eine qualifizierte Arbeit. Ich bin sicher, dass das Buch nicht nur dem fachlich Interessierten neue Aspekte eröffnen, sondern auch viele Freunde dieses alten Kulturlandes mit seiner reizvollen und abwechslungsreichen Landschaft begeistern wird.

Namens des Landkreises Kelheim und persönlich möchte ich dem leidenschaftlichen Heimatforscher Adolf Widmann für das gelungene Werk meinen herzlichen Dank und meine Anerkennung aussprechen und allen Lesern viel Freude bei der Lektüre über unsere heimatliche Geschichte und Kultur wünschen.

Dr. Hubert Faltermeier
Landrat des Landkreises Kelheim

„Mia san Holledauer" - aus dem Namen des Buches von Adolf Widmann sprechen Stolz und Heimatliebe der Menschen, die hier leben und die ihre Wurzeln in der Hallertau haben, in diesem herrlichen „grünen Viereck im Herzen Bayerns", wie sie zu Recht oft genannt wird. Als Landrat des Landkreises Landshut, dessen nordwestliches Drittel zur Hallertau gehört, freut es mich daher besonders, dass dieses Buch so großen Zuspruch findet: Es erscheint nunmehr die dritte Auflage.

Das lebhafte Interesse an den Themen, die das Buch behandelt, ist für mich Ausdruck dafür, dass immer mehr Menschen erkennen, welchen unbezahlbaren Wert es darstellt, wenn man weiß, woher man kommt, wenn man spürt, wo man hingehört und Orientierung findet in einer immer unübersichtlicheren Welt und einer oberflächlichen und schnelllebigen Zeit. Mittlerweile sind sie viel seltener geworden, die Hopfengärten - auch rund um unsere Hopfensiegel-Gemeinden, die ehemalige Kreisstadt Rottenburg an der Laber und den Markt Pfeffenhausen, und rund um Hohenthann, Furth, Obersüßbach, Weihmichl und in Teilen der Gemeinde Bruckberg. Aber noch immer geben sie dieser Landschaft ihr unverwechselbares Gepräge.

Ich hoffe, dass das immer so bleibt. Vor allem hoffe ich auch, dass dieses Hallertau-Buch dazu beiträgt, die Heimatliebe vieler Menschen zu stärken - und damit auch ihr Verantwortungsgefühl für dieses Land. Viel Freude beim Lesen und viel Erfolg weiterhin für solche Bücher!

Josef Eppeneder
Landrat des Landkreises Landshut

Vor Ihnen liegt das neue Heimatbuch „Mia san Holledauer" - zusammengestellt von Adolf Widmann. Genießen Sie die Lektüre und die Bilder. Vielleicht werden Sie bei dem ein oder anderen Bericht ins Schmunzeln geraten oder aber auch etwas wehmütig an diese Zeit zurückdenken. Ganz gleich, aus welchem Grund Sie dieses Buch erworben haben, Sie werden in interessanter und lebendiger Weise einen Streifzug durch die Historie der Hallertau erleben.

Beim Durchblättern der Arbeit Adolf Widmanns finden Sie Informationen über das Gebiet der Hallertau und einen Überblick über die "Hallertauer Landsleut" im Gefüge der letzten Jahrhunderte. Auf anschauliche Weise werden Einblicke in Leben, Kultur und Brauchtum gewährt.

Adolf Widmann hat mit diesem Buch über die Historie der Hallertau eine ideale und fundierte Ergänzung zu der bereits vorhandenen Literatur über die Hallertau geschaffen. Er hat sich bemüht, Quellen und Unterlagen aus allen Gebietsteilen der Hallertau zu verwenden. Entstanden ist durch seine Arbeit der letzten Jahre ein gelungenes und bedeutendes Werk über die Geschichte unserer Gegend.

Ich möchte ihm hierfür im Namen des Landkreises Pfaffenhofen meinen herzlichen Dank aussprechen. Mit Sicherheit wird dieses besondere Heimatbuch eine Vielzahl interessierter Leser finden.

Rudi Engelhard
Landrat des Landkreises Pfaffenhofen

Das Oberbayernbild, wie wir es von den Postkarten kennen, wird ganz wesentlich geprägt von der Zugspitze und dem Watzmann, vom Tegernsee und dem Chiemgau. Dass Landschaften wie die Hallertau aber genauso unverwechselbar zu Oberbayern gehören, gerät dabei manchmal ins Hintertreffen. Dabei ist die Region, die sich Oberbayern und Niederbayern freundschaftlich teilen, eine bayerische Landschaft, die ihresgleichen sucht: Im Hopfenanbau in der Hallertau liegt der Grundstock für den Weltruf des bayerischen Bieres. Diese beiden wichtigen Aspekte der Hallertauer Kultur - nämlich Hopfenanbau und keltisch-römisches Erbe - werden auch in zwei neuen Museen dokumentiert, die unter Beteiligung des Bezirks Oberbayern entstanden sind und seither das kulturelle Leben der Region bereichern: das Deutsche Hopfenmuseum in Wolnzach und das Kelten-Römer-Museum Manching.

Als Bezirkstagspräsident von Oberbayern freue ich mich besonders über den Erfolg dieses Heimatbuches, umso mehr, als mein Stimmkreis in die Hallertau hineinreicht und ich angrenzend wohne. „Mia san Holledauer" liegt nunmehr bereits in der dritten Auflage vor, was zeigt, welchen Anklang das Werk beim Leser gefunden hat. Nur wer seine Herkunft und seine Wurzeln kennt, verliert nicht den Boden unter den Füßen. Genau dieses Anliegen verfolgt Adolf Widmann mit seinem Buch. Ihm ist es gelungen, mit viel Fleiß und Spürsinn Tausende von Details aus dem Leben in der Hallertau zu einem Gesamtbild zusammenzufügen. Er bereichert damit die heimatgeschichtliche Forschung der Hallertau um ein grundlegendes Werk. Dafür bedanke ich mich herzlich.

Franz Jungwirth
Bezirkstagspräsident von Oberbayern

Hopfen und Spargel - dies sind heutzutage unsere beliebtesten Assoziationen mit der Hallertau. Damit allein ist eine Region jedoch noch lange nicht beschrieben. Dass dieser Hopfengarten weitaus mehr kulturelle Eigenheiten und seine ganz besondere Lebensart aufweist, stellt Autor Adolf Widmann in seinem Buch überzeugend dar. Er führt den Leser in die unterschiedlichsten Winkel dieser Region und lädt dazu ein, Land und Leute, Kleidung und Nahrung, Wohnkultur und Brauchwesen bis hin zur sprachlichen Besonderheit kennenzulernen. Dabei erinnert er nicht nur an vergangene Zeiten, sondern stellt auch die heutige Lebensweise dar, die es immer wieder schafft, an vergangene Lebensformen anzuknüpfen und diese zeitgemäß weiterzuentwickeln .

"Mia san Holledauer" ist kurzweilig, aufschlussreich und durch die zahlreichen Abbildungen und Zitate sehr anschaulich. Adolf Widmann ist es gelungen, ein Buch zu erstellen, das man gerne zur Hand nimmt. Dem Bezirk Niederbayern ist die Pflege von Kultur und Heimat ein besonderes Anliegen. Umso mehr werden die Initiative und der Einsatz des Autors geschätzt. Sein Buch stellt Heimatpflege dar und fördert die Auseinandersetzung der Leserschaft mit Geschichte und Kultur der Hallertau.

Im Namen des Bezirkstages von Niederbayern spreche ich Adolf Widmann für die Erstellung dieses Buches meinen herzlichen Dank aus. Den Lesern wünsche ich viel Freude bei der Entdeckungsreise durch die Hallertau.

Manfred Hölzlein
Bezirkstagspräsident von Niederbayern.

DIE HALLERTAU: GEBIET, NAME, HOPFEN UND SPARGEL

ie Hallertau ist heutzutage nicht nur in ganz Bayern, sondern auch weit darüber hinaus als Hopfenland bekannt. Ursprünglich bezeichnete dieser Name ein kleines Waldgebiet in der Flur zwischen Hirschbach und Hirschhausen in der Pfarrgemeinde Kirchdorf an der Amper, im Landkreis Freising. In diesem Gebiet wurde nachweislich schon sehr früh Hopfen angebaut (u.a. 860 Gründl bei Nandlstadt, 890 Holzen bei Palzing).[1] Man kann davon ausgehen, dass die Flurbezeichnung „Hallertau" und der Hopfenanbau immer so eng miteinander verbunden waren, dass dieser Name mit der Ausdehnung des Hopfenanbaues gebietsmäßig gleichsam „mitwuchs" und nun dem gesamten Hopfenanbaugebiet in dieser Region den Namen gibt.

ERSTE BESIEDLUNG

Vereinzelte Spuren einer menschlichen Besiedlung stammen aus der Stein- und Bronzezeit sowie der Hallstattperiode (ca. 3500 bis 450 v. Chr.). Sie lassen sich in den Tälern am Rande der Hallertau, z.B. bei Palzing und Siechendorf (Ampertal), nachweisen. Weder aus der Keltenzeit (ca. 450 bis15 v. Chr.) noch aus der Zeit der römischen Besatzung (15. v. Chr. bis 488 n. Chr.) liegen ernsthafte Nachweise einer Besiedlung des Kernlandes der Hallertau vor. Die bekannten römischen Militärstationen Eining und Manching liegen am Rande der Hallertau.

Die nachweisbare Besiedlung erfolgte erst im 8. und 9. Jahrhundert vornehmlich von jenen Tälern aus, in denen sich im 6. Jahrhundert germanische Bauern nieder ließen. Ihre Siedlungen erkennt man an den auf „-ing" endenden Ortsnamen, wovon Zolling im Ampertal mit der ersten urkundlichen Nennung vom 12. September 744 der älteste ist.[2] Die Gründungen der zweiten Besiedlungsphase enden auf „-hausen, -dorf, -bach oder -kirchen". Der im Ursprungsgebiet der Hallertau gelegene Ort Hirschbach wird erstmals in einer Urkunde des Jahres 821 genannt.[3] Die Besiedlung der Hallertau ist gegen Ende des ersten Jahrtausends im wesentlichen abgeschlossen.

Historische Karte von Weinerus aus dem Jahre 1579, die auch die Landschaftsbezeichnung „Hallertau" schon enthält.

DIE KULTIVIERUNG DES LANDES

Als die ersten Orte in der Hallertau entstanden, gehörte alles Land adeligen Großfamilien.[4] Sie erlaubten siedlungswilligen Leuten oder befahlen ihren Knechten die Gründung von Höfen und Dörfern. Das Land und die Höfe blieben Eigentum des Grundherrn. Der Bauer der die Hütten zimmerte, den Wald rodete, die Felder bebaute und das Vieh züchtete war nicht mehr als der Knecht seines Herrn.

Halsberg, das noch zum Ursprungsgebiet der Hallertau gerechnet wird.

NAMENTLICHE NACHWEISE DER HALLERTAU

Weder das Salbuch (= Grundbuch) des Jahres 1260 noch das von 1380 kennt den Namen Hallertau, obwohl in beiden Büchern schon von Hopfenablieferungen die Rede ist. Eine der ersten Nennungen des Begriffes Hallertau findet sich in einer Urkunde aus dem Jahr 1429, nach welcher „Heinrich der Kammerberger zu Kammerberg seine 2 Güter, eines genannt Haisberg (Halsberg), das andere genannt Seisdorf in der hallertaw gelegen bei der Abens im Auer Gericht ... verkauft".[5] Eine weitere Nennung befindet sich in einer Schilderung des in Ingolstadt geborenen Topographen Apian über ein Filialdörflein der Pfarrei Kirchdorf: „Hirschbach, Dorf und Kirche - Ein von hier gegen Osten und Norden sich ziehender Wald heißt Hallertaw. Von demselben erhält die ganze Gegend bis zur Ilm den gleichen Namen; sie ist ganz voll Hügel und Wälder."[6]

DIE HALLERTAU, 30 TAGWERK GROSS

In der oben genannten Quelle findet sich eine genaue Beschreibung der Äcker, Wiesen und Holzgründe des landgerichtlichen Urbarhofes Schelcher bei Hirschbach. Zunächst ist zu erfahren, dass der Schelcher Forstaufseher über die Hallertau war. Im übrigen lautet dieser wichtige Eintrag auszugsweise:[7] „ Oberhirschbach. Die Einöde. Georg Schelch auf dem Hof daselbst, hat durchgehendes gemeines Erbrecht von Herzog Heinrich laut seines Erbbriefes, so datiert am Tag Martine 1445; hat an Zimmer, Hausung, zwiefachen Stadl und Ställ bei guter Wesenheit, dabei ein Pachofen ... Hinter dem Haus ein Anger, 2 Tagwerk groß, stößt an die Hecken zu der Hallertau und oben am Zaun ist zweimähdig ... Noch drei Tagwerk neben der Hallertau liegend ... über der Hallerdaw hinauf am Berg eine feine Holzwachs mit 17 Tagwerk, dann 15 Tagwerk Birkenloh ... Item weil der Schelch über den Forst Hallerdaw Forster und Hüter ist, sein ihm der Windfälle und das Obholz zum Urbar jedes Mal vergünstigt worden."

Später, in einem Anlagsbuch des Pflegegerichts Moosburg vom Jahre 1760, ist der Forst Hallertau wie folgt beschrieben: „Forst Hallertau. Dieser Forst ist 30 Juchart groß, darin wenig frisch, so abgestandene Buchen vorhanden, das übrige besteht in lauter Tannen und Fichten, auch niederes Holz, welches anno 1718 vermärcht worden, so an dessen Herren Grafen Haimhausen zu dero Hofmarch Palzing gehörigen Gehilz stoßet."

Juchart war ein Feldmass, nur wenig grösser als das heutige Tagwerk. Der im Landgericht Moosburg liegende Hallertauer Wald umfasste damit rund 30 Tagwerk.

Der Volksgebrauch dehnte diesen Namen auch noch auf die Umgebung des Waldes und schliesslich auch noch auf das ganze Landgericht Moosburg aus. Bald war zu hören: Wolnzach, Nandlstadt und Au san de drei größtn Städt der Hallertau. Von Mainburg war noch nicht die Rede, wohl deshalb, weil es nicht dem Gericht Moosburg angehörte und somit noch nicht zur Hallertau gerechnet wurde.

Im 19. Jahrhundert erfolgten vielfach Gebietsänderungen, in deren Folge Ortschaften zu anderen Landgerichten umgemeindet wurden. Damit war die historische Hallertau zerrissen. Als man den ursprünglichen Flurnamen Hallertau schließlich auch noch mit dem Hopfenbau in Verbindung brachte, wuchs er quasi mit der Verbreitung des Hopfenbaues gebietsmäßig mit. Heute bezeichnet man mit Hallertau das größte und bedeutendste Hopfenanbaugebiet Europas.

EIN PRIESTER BESCHREIBT DIE HALLERTAU

Im Jahr 1846 hat der damalige Kooperator von Attenkirchen Anton Baumgartner den Gebietsumfang der Hallertau in einem Gedicht wie folgt beschrieben:

„Wo ist denn Bayerns Hallertau?
Ist`s jener Forst, ist`s jene Au
bei Palzing und bei Güntersdorf,
bei Auhof und bei Jägersdorf?
O nein, nein, nein,
die Hallertau muß größer sein!

Wo ist den Bayerns Hallertau?
Ist`s Wolnzach, Nandlstadt, ist`s Au,
wo Hopfen blüht, dem keiner gleicht,
ist`s wo bei Haag die Ente streicht?
O nein, nein, nein,
die Hallertau muß größer sein!

Wo ist den Bayerns Hallertau?
Ist´s an der Abens, ist`s der Ilmengau,
ist`s wo der seltene Biber baut,
und Isar sich mit Amper traut?
O nein, nein, nein,
die Hallertau muß größer sein!

Wo ist den Bayerns Hallertau?
Ist`s Gammelsdorfer Heldenau,
wo Bayerns Treue, hehr und groß
in blut`gen Strömen freudig floß?
O nein, nein, nein,
die Hallertau muß größer sein!

Wo ist den Bayerns Hallertau?
Ist`s jenes große Hügelland,
von Mainburg bis zu Freisings Dom,
von Pfaffenhofen zum Isarstrom?
Das muß sie sein,
das, Hallertauer, nenne dein!

Das Land, wo Ahnenruhm erglänzt,
von tapfern Städten reich umkränzt,
wo Mut und Kraft mit Treu`sich eint,
wo fröhlich singt, wer gut es meint:
Das soll es sein,
das, Hallertauer, nenne dein!

„Hallertau", seit 1926 amtliche Schreibweise.

EIN VERSUCH DEN NAMEN ZU DEUTEN

Über die Herkunft des Namens der Landschaft gibt es verschiedene Deutungsversuche. Der wohl einzig sinnvollen Erklärung liegen die Begriffe Hal-hart-au zugrunde. Das Wort Hal findet sich heute noch in dem Wort Halle, also einem durch ein Dach geschützten Raum in dem etwas verborgen werden kann. Es ist das Hauptwort zum altbaierischen Verb „helan", das soviel wie hehlen, verbergen bedeutet. Hart bedeutet einen mit Buchen und Eichen durchsetzten Mischwald und au ist ein wasserreiches Wiesenland. Diese Begriffe treffen genau die ehemals unbesiedelte, unzugängliche Wildnis bei Hirschbach.

Nur vereinzelt wird der Name mit dem Salz bzw. den Salzstraßen, die durch die Hallertau geführt haben, in Verbindung gebracht.[8] Eindeutige Erklärungen hiezu gibt es jedoch kaum. Leichter macht sich der Volksmund die Deutung des Namens, die von einfältiger Volksetymologie (Heldenau) bis zur anekdotischen Spielerei „hol' er d' Auer" als ultimo ratio bei der Schlacht von Gammelsdorf (1313) reicht.

Die Sprach- und Ausdrucksweise des Namens Hallertau war lange Zeit recht unterschiedlich. Sie reichte von Hallertaw, Harrertau über Hollerdau bis Holledau, was natürlich der deutschen Gründlichkeit zuwider lief. Die amtliche Schreibweise Hallertau gibt es erst seit 1926. Sie hat folgenden Anlass und Hintergrund: 1926 richtete die Marktverwaltung Au ein Gesuch an das Staatsministerium des Innern, es möge den Ortsnamen Au bei Freising in Au in der Hallertau ändern. Das Ministerium gab dem Antrag statt, musste dabei aber auch die Schreibweise für die Hallertau festlegen. Mit der Festschreibung des Ortsnamens Au in der Hallertau war auch die Schreibweise Hallertau amtlich.[9]

DER HOPFEN

Urkundlich wurde der Anbau von Hopfen in der Hallertau erstmals in einem auf den Ort Geisenfeld bezogenen Dokument aus dem Jahre 736 erwähnt. Um 860 wird in einer Tauschurkunde, die sich auf Gründl bei Nandlstadt bezieht, ebenfalls ein Hopfengarten genannt.[10]

CHRONOLOGIE DES HOPFENANBAUES

Obwohl einzelne Hopfengärten schon vor rund 1250 Jahren genannt wurden, spielte der Hopfenanbau in der Hallertau lange Zeit keine bedeutende Rolle. Bis zum Ende des 18. Jahrhunderts findet sich ein Streuhopfenanbau ohne feste Anbaugebiete.[11] Wer Bier braute, waren es Klöster, Adelige oder Bürger, baute den dafür notwendigen Hopfen selbst an.

Zu Beginn des 19. Jahrhunderts wurde die Hopfenpflanze zur Modepflanze. Ursache dafür waren u.a. die Förderung durch die bayerischen Kurfürsten, Aufklärung und Beratung durch Publizisten und dem „Landwirtschaftlichen Verein in Bayern" sowie die Aufhebung des Hopfenzehents. Mit der Verteilung der Gemeindegründe nach 1806 stand plötzlich zusätzlich Land für den Hopfenanbau zur Verfügung. Die nach der Gründung des Deutschen Zollvereins 1834 eintretende Industrialisierung förderte das Braugewerbe und damit die Nachfrage nach Hopfen. Die endgültige Bauernbefreiung im Jahr 1848 und der damit verbundene wirtschaftliche Aufschwung hatten eine weitere positive Entwicklung der Hopfenwirtschaft zur Folge. Das nahegelegene Nürnberg entwickelte sich ab 1850 zum weltweit bedeutenden Hopfenmarkt. 1860 hatte eine europaweite Missernte eine günstige Preisentwicklung und damit einen weiteren Anreiz für den Anbau von Hopfen in der Hallertau zur Folge. Die damit verbundene Überproduktion von Hopfen und eine allgemeine Krise der Landwirtschaft bis zum Ersten Weltkrieg überstand die Hallertau noch relativ gut. Die nach Kriegsende 1918 allgemein eintretende wirtschaftliche Flaute und die 1925 folgende Weltwirtschaftskrise brachten auch die Hopfenwirtschaft an den Rand des Ruins. Als dann etwa zur selben Zeit auch noch die Hopfen-

Die „Hopfen Aernde" in der Umgebung von Straubing (F. J. Lipowski, Chromolithographie 1830).

peronospora, ein Pilzbefall, auftrat und einen weiteren Produktionsausfall bewirkte, ergab sich für den Hallertauer Hopfenbau ein bedeutender Substanzverlust. Da in den ausserdeutschen Anbaugebieten die Produktion erheblich gesteigert wurde, ergab sich schon 1928 eine Überproduktion, die für die Hallertau verheerende Folgen hatte. Nach 1933 regelten die Nationalsozialisten mit der Marktordnung des Reichsnährstandes Anbau und Vermarktung des Hopfens (Zwangswirtschaft). 1949 wird der „Verband deutscher Hopfenpflanzer" neu gegründet, der dann seinen Sitz in die Hallertau, nach Wolnzach, verlegt. Ab etwa 1950 wird die Hopfenwirtschaft weitgehend wieder vom Markt bestimmt, womit sie wieder in den traditionellen Bahnen verläuft. Mit dem Einsatz der Hopfenpflückmaschine ab 1956 und der Aufhebung der Anbauflächenregelung 1958 sowie dem ständigen Anstieg des Bierkonsums, erfolgt seit etwa 1960 ein tiefgreifender Wandel in der Betriebs- und Sozialstruktur des Hallertauer Hopfenbaues. Ab 1970 werden zunehmend auch neue Hopfensorten gepflanzt und ab dem selben Zeitpunkt wird der deutsche Hopfenbau in die Marktordnung der Europäischen Wirtschaftsgemeinschaft einbezogen.

STATISTIK

Obwohl sich dieses Buch in erster Linie der Hallertau früherer Zeit zuwendet, erscheint es geboten, die Themen Hopfen und Gebietsumfang mit aktuellen Zahlen darzustellen. Die dabei verwandten Zahlen stammen vom Hopfenpflanzerverband Hallertau e.V., Wolnzach aus dem Statistischen Bericht 2006.

Weltbierproduktion		1 600 000	hl
Anbaufläche:	Weltweit	49 700	ha
	Deutschland	17 100	ha
	Hallertau (2006)	14 200	ha
Erntemenge:	Weltweit	84 400	to
	Deutschland	28 500	to
	Hallertau	24 300	to
Anbaubetriebe:	Deutschland	1 559	
	Hallertau (2006)	1 255	

GEBIETS-UMFANG

War die Bezeichnung „Hallertau" ursprünglich die Bezeichnung für eine Flur zwischen Hirschbach und Hirschhausen im Landgerichtsbezirk Moosburg, so wird mit „Hallertau" heute vornehmlich das größte zusammenhängende Hopfenanbaugebiet der Welt bezeichnet (die Flurbezeichnung „Hallertau" bei Hirschbach gibt es selbstverständlich weiterhin). Es reicht in der Süd-Nordausdehnung von der Amper bis zur Donau und in der West-Ostrichtung von Schrobenhausen bis Rottenburg a.d. Laber im Landkreis Landshut. Zum 1. August 1992 wurde ihr das früher kleinste bayerische Hopfenanbaugebiet, der Jura nördlich der Donau liegend, angegliedert. Damit zählen nun aus der Sicht des Hopfenbaues auch Teile des Landkreises Eichstätt zur Hallertau. Die ursprünglich 13 Siegelbezirke wurden mit dem neuen Siegelbezirk Altmannstein auf 14 aufgestockt.

Zur gebietsmässigen Abgrenzung der Hallertau behalf man sich früher mit folgendem Vierzeiler:

Wer Hopfen baut,
zehn Meilen weit um Au,
der schreit was er nur ko so laut:
„I g`hör zur Hallertau!"

Der heutige Gebietsumfang der Hallertau als Hopfenanbaugebiet ergibt sich aus der Summe derjenigen Gemeinden, in denen Hopfen angebaut wird. Am Ende des 20. Jahrhunderts gehören demzufolge zur Hallertau s.S. 15):

DIE ZUKUNFT DES HOPFENBAUES

Der Hopfen ist über das Bier zum Lebensmittel geworden. Nahezu 99,5 Prozent der gesamten Erzeugung gehen in der Bierproduktion auf. Ein Bedarf an Hopfen wird deshalb weiterhin gegeben sein.

Die Hallertau hat, was den Hopfenbau betrifft, eine gute Ausgangssituation. Trotz des Verschwindens kleinerer Betriebe und der Konzentration

Landkreis	Gemeinde	Hopfen-anbau-betriebe	Hopfen-anbau-fläche 2006/ha	Gemeinde-größe, qkm	Gemeinde-einwohner
Eichstätt	Altmannstein	16	177,71	114,30	6 779
	Mindelstetten	9	120,27	22,72	1 622
	Pförring	22	307,32	43,54	3 477
		47	605,30	180,56	11 878
Freising	Au i.d. Hallertau	58	815,89	54,32	5 642
	Gammelsdorf	4	41,37	21,63	1 524
	Hörgertshausen	18	142,44	21,48	1 911
	Nandlstadt	20	274,47	34,29	4 997
	Rudelzhausen	40	499,13	40,80	3 180
	Wolfersdorf	13	172,62	26,01	2 348
		153	1 945,92	198,53	19 602
Neuburg-Schrobenhs.	Aresing/Brunnen	5	52,72	62,01	4 289
		5	52,72	62,01	4 289
Pfaffenhofen	Geisenfeld	110	1 196,19	88,35	9 744
	Hohenwart	27	205,95	52,21	4 340
	Pfaffenhofen	79	664,50	92,41	23 705
	Pörnbach	16	116,37	22,64	2 026
	Reichertshofen	19	158,09	36,90	7 495
	Rohrbach	42	475,58	29,63	5 527
	Scheyern	4	20,99	38,28	4 494
	Schweitenkirchen	56	540,18	53,00	4 900
	Vohburg	14	154,15	45,19	7 064
	Wolnzach	131	1 652,36	91,55	10 963
		498	5 184,36	550,16	80 258

Landkreis	Gemeinde	Hopfen-anbau-betriebe	Hopfen-anbau-fläche 2006/ha	Gemeinde-größe, qkm	Gemeinde-einwohner
Kelheim	Abensberg	9	78,17	60,28	12 570
	Aiglsbach	62	799,70	39,97	1 648
	Attenhofen	54	730 30	31,48	1 368
	Biburg	14	204,84	14,21	1 186
	Elsendorf	48	622,82	32,66	2 045
	Kirchdorf	19	320,32	16,51	895
	Mainburg	75	743,97	61,65	13 873
	Neustadt / Donau	54	722,30	93,57	12 782
	Rohr i. NB.	10	88,66	54,16	3 282
	Siegenburg	38	326,15	25,63	3 283
	Train	16	138,22	10,14	1 782
	Volkenschwand	28	298,37	29,24	1 609
	Wildenberg	16	128,42	18,13	1 366
		443	5 202,24	487,63	57 689
Landshut	Furth	3	17,64	20,97	3 257
	Hohenthann	9	93,16	68,32	3 782
	Obersüßbach	18	199,97	23,58	1 713
	Pfeffenhausen	51	668,01	71,80	4 826
	Rottenburg a.d. L.	10	102,15	90,15	7 660
	Weihmichl	4	33,70	32,17	2 493
		95	1 114,63	306,99	23 731
Hallertau, gesamt (Ende 2006):		**1 241**	**14 105,17**	**1 785,88**	**197 447**
Zum Vergleich Ende 1999:		**1 930**	**15 747,22**	**1 842,95**	**189 695**
Veränderung:		**689**	**-1 642,05**	**-57,07**	**+7 752**

auf Betriebe mit über 5 Hektar und mehr Hopfenanbaufläche, erfolgt der Anbau immer noch in Familienbetrieben. Der überschaubare Familienbetrieb kann technische Neuerungen für die Bearbeitung des Hopfens und den Anbau neuer Sorten viel früher als industriell geführte Betriebe umsetzen. Auch auf neue Wege der Zertifizierung, Verpackung und Vermarktung kann der Familienbetrieb leichter und schneller reagieren. In Abwandlung eines ursprünglich auf das Handwerk bezogenen Spruches darf auch der Hopfenbauer einigermassen getrost in die Zukunft blicken:

Und doch ernährt der Hopfen seinen Herrn,
hält der Herr nur mit dem Zeitgeist Schritt,
hält er auch die Tradition in Ehren
und bringt er Liebe dazu mit.

EINE KULINARISCHE KOSTBARKEIT DER HALLERTAU: DER SPARGEL

Der Hopfenspargel

Eine besondere Spezialität, die heute schon zu den Raritäten gehört, ist der Hopfenspargel. Wegen seiner aufwändigen und zeitraubenden Gewinnung war er nur einigen wenigen Genießern ausserhalb der Hallertau zugänglich und bekannt. Auch in der Hallertau selbst war er eine Seltenheit auf dem Speisezettel. Der Hopfenspargel war mehr ein Nebenprodukt beim Hopfenanbau. Er war zu ernten, als der Hopfen noch von Hand gehauen wurde. Nachdem vom Hopfenbifang der überwiegende Teil weggeackert war und nur mehr ein schmaler Erdwall (Roal) um die Hopfenstöcke stand, wurde das Erdreich mit der Haue vom Hopfenstock weggezogen, der Hopfenstock wurde freigelegt. Dabei traten knapp über der Erde die jungen, weißen Triebe, der Spargel, zu tage. Diese kaum einen Finger langen und etwas mehr als ein Zündholz starken Triebe konnten gleich nach dem „hauen" vom Stock gepflückt werden. Gewaschen, gekocht und in Essig und Öl angemacht war und ist der Spargel eine Delikatesse. Durch die maschinelle Bearbeitung des Hopfens, die noch dazu zu Zeiten vorgenommen wird, in denen der Spargel noch nicht reif ist, fällt Hopfenspargel in der Regel nicht mehr an. Wegen der Nachfrage

Spargelernte

von Feinschmeckern wird speziell um des Hopfenspargels willen der Hopfen gelegentlich wieder wie in früheren Zeiten bearbeitet.

Die Gemüsepflanze „Spargel"

Als Heilpflanze im frühen Altertum geschätzt, wird der Spargel seit dem Beginn des 20. Jahrhunderts auch in der Hallertau als Gemüsepflanze kultiviert. Er wird auf sandigen Böden in der Gegend von Schrobenhausen und Abensberg von klein- und mittelbäuerlichen Betrieben nachhaltig gepflanzt, „gestochen" und vertrieben. Er sichert vielen Betrieben ein zusätzliches Einkommen. Der Spargel ist eine Dauerkultur, die 6-8 Jahre im Boden bleibt. Im zeitigen Frühjahr werden die einjährigen Spargelpflanzen mit einer Pflanzmaschine im Reihenabstand von ca. 180 cm, durchschnittlich 3 Pflanzen je Meter, ca. 20 cm tief im Pflanzgraben abgelegt und anschließend mit einer dünnen Erdschicht abgedeckt. Der Spargel wird schon im 3. Jahr geerntet. Erst im 4. Jahr kann die volle Erntezeit von etwa zwei Monaten genutzt werden. Er wird nach Klassen in ganz Bayern und darüber hinaus verkauft.

Quellenangaben:
1 Kettner, Lorenz: Hallertauer Hopfenbau.
2 Widmann, Adolf: Zolling, eine Gemeinde im Ampertal.
3 Huber, Anton: Die Ortsnamen des Landkreises Freising.
4 Brückl, Josef: Siechendorf und rundherum ist Heimat.
5 Prechtl, Dr. Johann Bapt.: Urkunden aus dem Schloßarchive zu Au i.d. Hallertau.
6 Völkl, Dr. Georg: „Frigisinga", Sonderbeilage des Freisinger Tagblattes, Nr. 8/1958.
7 Wie Nr. 6.
8 Amperland, heimatkundliche Vierteljahreszeitschrift für die Kreise Dachau, Freising und Fürstenfeldbruck, 1/1982.
9 Weiss, Joseph: Au in der Hallertau, Chronik eines Marktes.
10 Hiereth, Dr. Sebastian: Geschichtes des Marktes Nandlstadt.
11 Kettner, Lorenz: Hallertauer Hopfenbau, Geschichte und Gegenwart

Anstatt beim Wein sitzt der Hallertauer heute gerne im Biergarten.

Vom Hallertauer Menschen existieren drei generelle Beschreibungen, die sich in ihren Aussagen deutlich unterscheiden. Die erste stammt von dem Abensberger Wirtssohn Johann Turmair (1477-1534), genannt Aventinus. Eine weitere gibt es aus der Feder von Joseph von Hazzi, der um 1800 Land und Leute im Herzogtum Bayern beschrieb. Zu Beginn des 19. Jahrhunderts erwachte in ganz Europa das Interesse am eigenen Volk. Der bayerische König Max II. hatte schon 1846, noch als Kronprinz, den Auftrag erteilt, Material für eine ethnographische Bestandsaufnahme seines Volkes zu erstellen. Eine umfassende Zusammenstellung davon ist in „Bavaria, Land und Leute im 19. Jahrhundert", herausgegeben von Paul Ernst Rattelmüller, 1987 erschienen. Diese Bestandsaufnahme sagt jedoch zum Hallertauer Volk wenig aus. Um so ergiebiger sind die ebenfalls auf Veranlassung der bayerischen Regierung um 1860 verfassten Physikatsberichte. Im Jahr 1858 wurden nämlich in Bayern verbeamtete Ärzte von höchsten staatlichen Instanzen dazu aufgefordert, Beschreibungen ihrer Landgerichte anzufertigen.[1] Darin sind auch die Leute in den Gerichtsbezirken Moosburg, Mainburg und Pfaffenhofen beschrieben. Sie werden als dritte Quelle für die Darstellung des Hallertauer Volkes herangezogen, und, da sie bisher wenig bekannt sind, auszugsweise wiedergegeben. Vorweg wird auf die Darstellungen von Aventinus und von Hazzi`s eingegangen.

SITZT TAG UND NACHT BEIM WEIN

Der bayerische Humanist Johann Turmair, der sich nach der Sitte der Zeit schon mit jungen Jahren nach seiner Vaterstadt Abensberg Aventinus nannte, hat große Bedeutung als Geschichtsschreiber erlangt.[2] Auf Geheiss der Herzöge Wilhelm und Ludwig hat er auch seine Landsleute beschrieben. Er kommt dabei zu folgendem Ergebnis:

„Das baierische Volk ... legt sich mehr auf den Ackerbau und die Viehzucht als auf den Krieg, dem es nit sehr nach-

läuft; bleibt gerne daheim und zieht nit viel zu Feld in fremde Länder, trinkt sehr, macht viel Kinder; ist etwas unfreundlicher und eigensinniger, wie es geht bei Leuten, die nit viel hinauskommen, gern daheim alt werden, wenig Handel treiben und fremde Länder und Gegenden heimsuchen; sie achten die Kaufmannschaft nit, es kommen auch die Kaufleute nit viel zu ihnen ... Der gemeine Mann, der auf dem Lande sitzt, gibt sich mit Ackerbau und Viehzucht ab, liegt dem allein ob, darf sich nichts ohne Geheiß der Obrigkeit unterstehen, wird auch in keinen Rat oder in die Landschaft berufen. Doch er ist sonst frei, mag auch freies, lediges, eigenes Gut haben, dient seinem Herrn, der sonst keine Gewalt über ihn hat, mit jährlicher Gült, Zins und Scharwerk; tut sonst was er will, sitzt Tag und Nacht bei dem Wein, schreit, singt, tanzt, kartet, spielt, mag Wehr tragen, Schweinsspieß und lange Messer."

EINE WILDE MENSCHENRASSE

Der kurbayerische Generallandesdirektionsrat von Hazzi bereiste um 1800 die Gerichte Moosburg und Pfaffenhofen. Sein Urteil über die Menschen fällt ungünstig aus. Es lautet für das Gericht Moosburg:

„Die Bevölkerung ist schlecht (schlicht). Man trifft gewöhnlich nur zwei bis drei Kinder in einer Familie und nur wenig uneheliche an. Die grundherrlichen Abgaben, die Scharwerk und andere Plagen sind im Hügel stark, so dass die Bewohner unter die wahren Bettler gezählt werden müssen. Man presst ihnen zur Bestreitung ihrer Abgaben beinahe das Blut heraus. Wären nur die Wege hergerichtet, um wenigstens mit Holz nach Landshut zu kommen, so könnte sich diese Gegend etwas helfen. Aber so ist alles isoliert und verwahrlost, und die Menschen sind hier weit übler dran als das Vieh."

Mit den Bewohnern des Gerichts Pfaffenhofen verfährt Joseph von Hazzi etwas milder. Er schreibt:

„Die Bewohner dieses Gerichtes, die einen eigenen Volkshaufen unter dem Namen Schiri gebildet haben - daher soll auch der Name Scheyern kommen -, sind zu Dietfurth über die Altmühl gesetzt und sollen sich in dieser Gegend angesiedelt haben. Die Menschen zeigen sich in physischer und moralischer Hinsicht nicht von der vorteilhaftesten Seite.

Die Männer und Weiber sind von kleiner Statur, meist krüppelhaft und haben etwas Wildes in ihren Gesichtszügen. Sie hängen dem Aberglauben an, sind der Trunkenheit ergeben und lassen sich viele Diebstähle, selbst Totschläge - meist durch Eifersucht veranlaßt - zu Schulden kommen. Es fehlt ihnen jede Bildung und man findet selten jemanden, der seinen Namen schreiben kann.

Was nicht ein erzkatholisches Aussehen hat, heißt unter ihnen Heithum (Heidentum). Doch tragen sie unter dieser rauhen, ungebildeten äußeren Hülle ein gutes mitleidiges Herz, wovon sie erst neulich ein rührendes Beispiel gaben. Sie ließen sich leicht für eine Unterstützung bereden, um die man sie für die Mooskolonisten, die meistens Lutheraner sind, ansprach. Mit einem wahren und warmen Diensteifer standen alle ihre Fahrzeuge unentgeltlich bereit.

Ob sie gleich nicht von häufigen Krankheiten heimgesucht werden, so bringen sie doch ihr Alter eben nicht hoch und sehr bejahrte Leute sind hier eine Seltenheit. Die gewöhnlichen Krankheiten, an denen sie zu leiden haben, sind meistens Fieber und Ruhren. Die Ehen gehören im Durchschnitt nicht zu den gesegnetsten. Vielleicht tragen die Bewohner selbst die Schuld, weil sie drei bis vier Kinder schon zu viele heißen. Ihre Kost besteht aus nichts anderem als den gewöhnlichen Nudeln und Sauerkraut."

Joseph von Hazzi beschrieb die Gerichte bereits 1800, gedruckt wurde das Werk aber erst 1808, nachdem Bayern 1806 ein Königreich geworden war. Die Aussagen des Joseph v. Hazzi werden gelegentlich auch kritisiert. Verschiedene Historiker bezweifeln seine Objektivität. Sie meinen, dass er übertrieben und gehässig dargestellt hat.[3]

DER HALLERTAUER AUS DER SICHT DER ÄRZTE

Felix Friedrich Lipowsky sah die Bauernschaft des Landgerichts Moosburg in ihrem Stil, Dialekt und in der Sitte als „ein Vollblut des altbayerischen Volksstammes".[4] Seine Aussagen vermitteln im wesentlichen folgendes Bild: „Der Körper ist in der Regel untersetzt, grobknochig und breitschultrig. Zu seinen Kennzeichen gehören auch Schwielen an den Händen und Schweiß im Angesicht. Er ist von bewunderungswürdiger Arbeitskraft, von Ausdauer und unermüdlicher Geduld im Schaffen." Lipowsky weiter: „Die niedere Stufe der geistigen Bildung, auf welcher das Volk zum Theil steht, veranlaßt den Irrthum, es für einfältig und dumm, bäuerlicher Sitte ledig, der Aufklärung des Fortschrittes unfähig zu halten. Nichts ist grundloser als dieser Wahn. Abgesehen davon, daß die Leute auf dem Lande ganz gesunde Geistesgaben besitzen, ist nur soviel wahr, daß die geistigen Kräfte ungeweckt und noch wenig gebildet sind. Das Volk denkt und fühlt daher nach dem Maße seiner Erfahrungen und nimmt List und Mißtrauen zur Hilfe, wo es Aufrichtigkeit nicht am Platze glaubt. Unter der rauhen Aussenseite schlägt ein gutes unverdorbenes Herz."

Durchaus positiv ist die Feststellung, dass sich das Volk gegen alles stemmt, was es nicht selbst erprobt hat und bei aller Treuherzigkeit von vornherein bei allem was neu ist greifbare Beweise verlangt. Lipowsky befürchtete aber, dass sich durch den Wohlstand Gleichgültigkeit in politischen Dingen breit machen und dadurch „einer Revolution Vorschub" geleistet werden könnte. Gleichzeitig bestätigt er dem Landmann, dass er von den „neueren Culturgesetzen" mehr denn je durchdrungen ist und dass diese einen erheblichen „national-ökono-

BAYERN
Paar aus der Hallertau

mischen" Einfluss für das Land hat. Damit ist wohl der Einfluss der Bauernbefreiung gemeint.

In seine Betrachtungen bezieht Lipowsky auch die Familie mit ein. In der Wohlhabenheit, kräftiger Nahrung und rührigem Schaffen in der Wirtschaft, sieht er einen „wohlthätigen Einfluß" auf das körperliche Gedeihen der Generation. Häuslicher und gutmütiger Sinn bilden ein kräftiges Band für die Eintracht der Familie. „Doch glaubt der Bauer nicht an die Unersetzlichkeit seiner Bäuerin und der drückt diesen Unglauben schwerzweise sogar in einem Spruche aus:

> *Das Weibersterben*
> *ist kein Verderben,*
> *das Pferdverrecken*
> *thut `n Bauern schrecken!*

Und wirklich gehören Thierquälereien zu den Seltenheiten, während die Weiber öfter geprügelt werden."

Die Kinder bleiben in der Regel auf dem Hof. Bedauert wird, dass die Kinder vorzüglich von den Gütlern zu frühzeitig zu anstrengenden Arbeiten, „wie zum Misttragen und selbst zum Pflügen und Eggen verwendet werden". Davon sollen „schwache, auswärts stehende Extremitäten und die häufigen Plattfüsse" herrühren.

Nach Dr. Karl Lautenbacher repräsentiert der Mensch im Landgerichtsbezirk Mainburg[5] eine „Mittelrasse, ist durchschnittlich von mittelgroßer Statur, gedrungenem Wuchse, mit etwaiger Ausnahme sehr großer plumper Füße ziemlich regelmäßiger Proportion der einzelnen Körpertheile, und einen zwar wenig geistreichen doch immerhin als annehmbar zu bezeichnenden Gesichts-Ausdruck". Das weibliche Geschlecht steht nach Ansicht Lautenbacher's dem männlichen „an Schönheit nach". Gang und Haltung beider Geschlechter waren wenig „auferbaulich, jener schwerfällig und schleppend, diese vorgebeugt und höchst nachlässig". Abgesehen von einer hohen Kindersterblichkeit sah Lautenbacher schon eine höhere Lebenserwartung, denn „es erreichen verhältnismäßig viele das Greisenalter von 70-80 Jahren, in denen wieder die meisten an Altersschwäche das Zeitliche segnen".

Wie auch an anderer Stelle ausgeführt, zeitigte die Bauernbefreiung des Jahres 1848 bald positive Folgen. Als dann 1860 auch noch enorme Hopfenpreise erzielt wurden, stieg in der Hallertau der Wohlstand, der,

Eine Großfamilie aus der Hallertau: Die Pichlmeiers aus Gütersberg um die Jahrhundertwende.

Alljährlich zur „Hopfenernte in Niederbayern" kamen Helfer von überall her. Jung und alt, alle zupften mit. Abschluss der Ernte war der sogenannte „Niederfall". Der letzte Hopfen wurde auf den Hof gefahren. Anschließend feierte man bei Musik, Tanz und sicherlich viel Bier (O. Graf, Holzstich koloriert 1870).

wie es Dr. Lautenbacher formuliert „kein glänzender, so doch im Allgemeinen ein genügend guter und dabei nachhaltig gesicherter ist". Dabei sah er keinen wesentlichen Unterschied zwischen großen und kleinen Bauern, und zwar deshalb, weil der „Große" von der Ablösung her meist eine größere Schuldenlast zu übernehmen und auch höhere Aufwendungen für die Dienstboten hatte. „Ganz arme Leute", so das Resümee des Arztes, „leben unter uns nicht", wenngleich er „in Bezug auf Reinlichkeit in und außer den Häusern der Holledau wie an den eigenen Leibern ihrer Bewohner noch Manches mangelhaft" sah.

Knapp sind die Aussagen von Dr. Häuslmayr zu den Leuten im Landgericht Pfaffenhofen.[6] Er schreibt: „Hinsichtlich der körperlichen und geistigen Bildung gehören die Bewohner des Ilmtales einem derbkräftigen Menschenschlage an. Das Landvolk ist zwar nicht ausgezeichnet durch hervorragende Eigenschaften, denn bis in die neueste Zeit herauf sind noch mehrere Gemeinden des Landgerichts und der benachbarten Distrikte ohne Schulen gewesen. ... Indeß findet man dennoch die allgemeinen Züge von Biederkeit, edlem deutschen Sinne, Gehorsam gegen die Obrigkeit und Vaterlands-Liebe..." Wie überall, lässt auch im Landgericht Pfaffenhofen die Reinlichkeit zu Wünschen übrig: „Die Leute haben gar kein Bedürfnis nach geräumigen, hellen und trocknen Wohnungen und es ist wunderbar, dass in manchen Wohnungen, die beinahe nie gereinigt und noch seltener gelüftet werden, doch gesunde Menschen leben können." Einzelne Dörfer waren im Verhältnis zu der Zahl der Wohnungen so übervölkert, dass in ganz kleinen Räumen oft 6-10 Personen beisammen wohnten, und zwar Jung und Alt, was natürlich nur auf Kosten der Gesundheit und Sittlichkeit geschehen konnte. Der Erziehung der Kinder wurde bei den gewöhnlichen Leute sowohl in den Märkten als auch auf dem Lande wenig Aufmerksamkeit geschenkt. Sie wurden bis zum 13. Lebensjahr sich selbst überlassen. Zuletzt hat Dr. Häuslmayr noch einen Blick in die Schlafzimmer geworfen: „Was die Lagerstätten betrifft, so trifft man doch meistens, wenn auch unreinlich gehaltene Betten an, die in den Schlafkammern, oder am Boden, oft auch in den Ställen untergebracht sind."

AUS DEM BLICKWINKEL EINES PRIESTERS

Johann Schmid hat beim Hallertauer folgendes festgestellt:[7] „Die Ausdrucksweise der Hollerdauer hat etwas natur- und urwüchsiges, und wirkt durch ihre lebendige Natürlichkeit, durch treffende sprichwörtliche Redensarten, schlagfertige Antworten und besonders durch schneidigen, trockenen Humor geradzu erfrischend. Mit scharf gepfefferten Witzen kann einen der Hollerdauer ordentlich dablecka. Er selber versteht sich mit einigen Witzworten aus einer unangenehmen Situation, einer Klemme herauszubeißen."

DER HALLERTAUER IN WITZ UND ANEKDOTEN

So wie der Hallertauer andere Leute gern „dableckt", steht auch er nicht selten im Mittelpunkt von Spott und Ironie. Das beginnt schon damit, dass davor gewarnt wird, den Hallertauer nach den Grenzsteinen des Landes zu fragen. Anstatt der Grenzsteine, so erfährt man, sind das die Galgen von Freising, Moosburg, Abensberg und Pfaffenhofen. Auch fragt der Hallertauer lieber nicht nach den Volksgrenzen, denn dazu wird ihm der Fremde sagen, dass die Hallertau da anfängt, wo die „gscheiten Leut′ aufhörn". Ein harter Brocken! Wenn man dies wohlgesonnen auslegt, kann man eine Deutung auch dahingehend zulassen, dass städtische Gesittung zu Ende sei, sobald man die Hallertau betritt. Noch weniger sollte man nach der Mundart fragen, denn, so die anderen, jeder Hallertauer redet drei Sprachen: „Dumm, dalkert und dappi."[8]

DER HALLERTAUER HEUTE

In Theateraufführungen, Filmen, Hörfunksendungen sowie in Fernsehbearbeitungen wurde es versucht, den Hallertauer Menschen in Stücken wie „Die Pfingstorgel", der „Hallertauer Schimmelkrieg" und „Der Hallertauer Fidel" zu charakterisieren. Recht gut kommen die Hallertauer Landsleut dabei in den ersten beiden Stücken nicht weg. In neueren Inszenierungen wird das Bild immer freundlicher und die dargestellten Menschentypen wirken trotz aller Fehler und Mängel sympatisch. Böswilliger Weise wird unzutreffend behauptet, der rechte Hallertauer wäre rechthaberisch, dickköpfig und rauflustig. Dass er faul wäre, hat noch niemand behauptet.

Um es zusammenzufassen, so hat es Josef Brückl in einem Aufsatz festgestellt, den Hallertauer Menschen schlechthin gibt es nicht. Es mag sein und ist durchaus wahrscheinlich, dass sich bei der geringen Mobilität in den vergangenen Jahrhunderten ein für diese Landschaft charakteristischer Menschenschlag gebildet hat. Der Ehepartner wurde aus demselben Dorf oder aus der näheren Umgebung ausgewählt, wodurch sich im Laufe der Zeit dabei gewisse körperliche Merkmale und charakterliche Eigenheiten besonders ausgebildet haben. Heute unterscheiden sich die Bewohner in nichts von ihren altbayerischen Brüdern. Die kernige Lebenstüchtigkeit des Altbaiern ergibt sich auch aus einer Untersuchung, wonach Niederbayern die geringste Selbstmordquote in ganz

Sie repräsentieren 2007/08 die Hallertau: Hopfenkönigin Eva Maria Hagl (rechts) und die Vize-Königin Ingrid Penger

Eine Hallertauer Wallfahrt, dargestellt in der Wallfahrtskriche St. Kastl bei Langenbruck, Lkr. Pfaffenhofen.

Deutschland und dabei eine sehr hohe eheliche Fruchtbarkeit hatte.[9] Der Hallertauer also ein lebensbejahender und lebensbewahrender Mensch! Die Hallertauerinnen sind dazu auch noch hübsch. Ein Beweis dafür sind die Hopfenköniginnen, die seit dem Jahr 1952 alljährlich beim Hopfenfest in Wolnzach (mit geringen Unterbrechungen) gewählt werden.

DIE RELIGIOSITÄT

Christlichen Glauben gibt es in der Hallertau dem Grunde nach schon seit der Zeit, in der römische Soldaten und Kolonisten in dieser Gegend waren.[10] Feste rechtliche Formen erhielt das Glaubensleben mit der Gründung der Bistümer im Jahr 739 durch den heiligen Bonifatius. Die heute noch für den Bereich der Hallertau maßgebenden Bistümer sind das Erzbistum München und Freising, das Bistum Regensburg sowie das Bistum Augsburg. Die Grenzen der Hallertau kann man mit den Dekanaten etwa wie folgt umschreiben:

Erzbistum München und Freising mit den Dekanaten Scheyern, Moosburg und Landshut; Bistum Regensburg mit den Dekanaten Geisenfeld, Abensberg, Mainburg und Rottenburg sowie der Diözese Augsburg mit dem Dekanat Pfaffenhofen.

In die Hallertau war die Bevölkerung einst ausschließlich katholisch. Kurfürst Maximilian I. (1623-1651) hatte Bayern bewusst zum kernkatholischen Staat geprägt und auch seine Nachfolger hielten an der ausschließlichen Katholizität des Landes unerbittlich fest.[11] Erst nachdem die Verfassung des Königreiches Bayern von 1818 auch die Niederlassungsfreiheit in ganz Bayern erlaubte, nutzten dies viele protestantische Familien aus der Pfalz, um sich in Altbayern in Höfe einzukaufen und hier zu siedeln. Nach der Volkszählung des Jahres 1987 ergibt sich bezüglich der Religionszugehörigkeit folgendes Bild:

Bistum München/Freising:
67,6 % kath.	17,2 % ev.	6,2 % and.	9,0 % o. Konf.

Bistum Regensburg:
85,1 % kath.	10,3 % ev.	2,2 % and.	2,4 % o. Konf.

Das Dekanat Pfaffenhofen entspricht der Zusammensetzung des Bistums Regensburg

WALLFAHRTSORTE IN DER HALLERTAU

Wie eingangs bereits festgestellt, sagt Aventinus dem baierischen Volk u.a. nach, dass es gerne wallfahrten geht (siehe oben). Dieser christlichen Übung, diesem Brauch, soll hier mit der Nennung der in der Hallertau bekannten Wallfahrtsorte entsprochen werden. Dabei werden auch Gnadenstätten genannt, die als Wallfahrt längst erloschen sind. Damit soll nicht allein der Historie Tribut gezollt werden. Geschichte ist Leben aber auch Rückbesinnung. Vielleicht werden frühere Wallfahrtsstätten wieder entdeckt und mit Leben in der Weise erfüllt, dass hier um Hilfe gefleht, gedankt und Sühne geleistet wird.

Landkreis Freising:

Abens, Markt Au i.d.Hallertau, Marienwallfahrt. Das Gnadenbild aus der Zeit um 1460 stellt eine Madonna dar, die das Jususkind auf ihrem Arm trägt.

Maria Hilf, Markt Au i.d. Hallertau, Marienwallfahrt, entstanden um 1811. Das Gnadenbild ist eine Nachschöpfung des Innsbrucker Mariahilfbildes.

Sankt Alban, Gem. Hörgertshausen, kath. Wallfahrt zum hl. Alban (seit dem 15. Jahrhundert).

Tegernbach, Gem. Rudelzhausen, Brünnlkapelle, Mariä Geburt, kleiner Bau von 1687.

Landkreis Pfaffenhofen a.d. Ilm

Gebrontshausen, Markt Wolnzach, „Maria auf dem Weißen Berg". Das Gnadenbild ist die schwarze Muttergottes von Tschenstochau.

Herrnrast, Gem. Ilmmünster. Die Legende, ein Hirtenmädchen habe hier den Herrn rasten gesehen, bewirkte die Gründung. Blühende Kirchweih-Wallfahrt bis um 1870.

Lohwinden, Gem. Rohrbach, Wallfahrt zu „Unserer Lieben Frau". Das Wallfahrtsbild, eine sitzende Madonna mit dem bekleideten Kind auf dem Arm, stammt vom Anfang des 15. Jahrhunderts.

Oberlauterbach, Markt Wolnzach. In der Wallfahrtskirche St.Andreas wird der hl. Wendelin verehrt.

Obermettenbach, Pf. Niederlauterbach, Dek. Geisenfeld, Marienkirche zu „Unserer Lieben Frau" in der 2. Hälfte des 15. Jh. errichtet.

Niederscheyern, Stadt Pfaffenhofen a.d. Ilm, Mariä Verkündigung, im Dreißigjährigen Krieg Wallfahrt zum Gnadenbild, einer sitzenden Muttergottes.

Rottenegg, Pf. Rottenegg, Dek. Geisenfeld, Kreuzkirche zum leidenden Heiland, 1724 erbaut.

Scheyern, Wallfahrt zum hl. Kreuz und dessen Reliquie, seit 1180.

Steinerskirchen, Markt Hohenwart, Mariä Verkündigung.

Sankt Kastl, Markt Reichertshofen, Wallfahrtskirche St. Kastulus und Kapelle. Wallfahrt seit 1037. Die Kastulusverehrung steht mit Moosburg a.d. Isar in enger Beziehung.

Vohburg, Wallfahrt zum „seligen Bauern".

Landkreis Kelheim

Allersdorf, Pf. Biburg, Dek. Kehlheim, Wallflahrtskirche zu „Unserer Lieben Frau".

Appersdorf, Dek. Mainburg, Muttergotteswallfahrt im Zusammenhang mit einem Brunnen (Maria Brünnl).

Ebrantshausen, Pf. Lindkirchen, Dek. Mainburg, Wallfahrt zum sel. Heinrich.

Mainburg, Kirche und Wallfahrt zu St. Salvator seit etwa 1300.

Massenhausen, Pf. Lindkirchenn, Dek. Mainburg. Die Wallfahrt zum hl. Koloman entstand um 1630.

Perka, Pf. Biburg, Dek. Abensberg, Wallfahrt zum hl. Leonhard.

Pötzmes, Pf. Attenhofen, Dek. Mainburg, Wallfahrt zum hl. Simon.

Die Wallfahrtskirche St. Anton.

Maria Hilf, Wallfahrtskirchlein mit Baumstamm und erstem Gnadenbild in einem Wald nahe der Straße Au i.d. Hallertau - Rudertshausen bei Haarbach.

Die Wallfahrtskirche Herrnrast, 1599 erbaut, 1973/74 auf Initiative von Claus Hipp unfassend renoviert.

Votivtafeln in der Marienkirche von Abens, Mgde. Au i.d. Hallertau.

Pfarr- u. Benedikdtinerabteikirche Scheyern
Scheyerer Kreuz

Der Altar der
Wallfahrtskirche
in Koppenwall
durch dessen Tisch
quer das Schlupf-
loch führt.

Rohr, Dek. Rottenburg. In der Kapelle „Maria Heimsuchung" wallfahrtet man zu „Unserer Lieben Frau von Loreto" und in der Annakapelle an der Nordseite des Chors der Klosterkirche wird „Unsere Liebe Frau" verehrt.

Sankt Anton, Pf. Elsendorf, Dek. Mainburg, Wallfahrtskriche zum hl. Anton, besonders bekannt durch die alljährliche Kriegerwallfahrt an Pfingsten.

Weltenburg, Dek. Kehlheim. Die Wallfahrt zu „UnsererLieben Frau" von Weltenburg ist jene zur Frauenbergkapelle auf dem Arzberg.

Landkreis Landshut

Heiligenbrunn, Pf. Hohenthann, Dek. Rottenburg a.d. L., Wallfahrtskirche Mariä Heimsuchung (Wallfahrt seit 1662).

Koppenwall, Pf. Pfaffendorf, Dek. Rottenburg. Die Nebenkirche im Ort ist die Wallfahrtskirche zur hl. Corona. Die Besonderheit der Wallfahrt besteht darin, dass sich im Altarstein ein Schlupfloch befindet, durch das die Wallfahrer in der Hoffnung schlüpfen, darin anhaftende Rückenschmerzen „abstreifen" zu können.

Oberotterbach, Pf. u. Dek. Rottenburg, Wallfahrt zum hl. Leonhard seit dem 13. Jh.

Pfeffenhausen, Wallfahrt zu „Unserer Lieben Frau" auf dem Klausenberg.

Rainertshausen, Dek. Rottenburg, Wallfahrt zum hl. Erhard, der als der Apostel und Patron der östlichen Hallertau gilt.

Die Aussagen zu den Wallfahrtsorten sind dem „Handbuch der deutschen Kunstdenkmäler, München und Oberbayern" von Georg Dehio und dem Buch „Wallfahrten im Bistum Regensburg" von Utz/Tyroller entnommen.

KLÖSTER IN DER HALLERTAU

An die zahlreichen Klöster in der Hallertau erinnern heute vielfach nur mehr die ehrwürdigen und kunstvollen Kirchen, wie z.B. in Biburg, Geisenfeld und Paring. Die volle wirtschaftliche Selbständigkeit ist heute weder in Rohr noch in Mainburg, St. Salvator, gegeben. Anders verhält es sich dagegen beim Benediktinerkloster Scheyern. Seit 1119 ist es spirituelles und kulturelles Zentrum der Hallertau. Unter dem benedik-

tinischen Leitwort „ora et labora" (bete und arbeite) betätigen sich die 14 Mönche heute noch vor allem in Seelsorge und Bildung sowie Handwerk und Landwirtschaft. Charakteristisch für den Orden ist auch die wirtschaftliche Unabhängigkeit, d.h., das Kloster muss das, was es zum Leben braucht, selbst erwirtschaften. In Scheyern zeigt sich das beispielsweise an der eigenen Land- und Forstwirtschaft mit Fischerei, der Brauerei (seit kurzer Zeit wieder in eigener Regie), der Metzgerei, der Gastwirtschaft mit Biergarten, dem Klosterladen und der Gärtnerei. Einer in der Vergangenheit verwurzelten Tradition folgend beherbergt das Kloster von jeher eine Schule, heute eine moderne Berufsoberschule. Im historischen Klosterhof befindet sich ein Wohnheim für junge Männer, das auch sozial schwächeren Schülern eine preiswerte Unterkunft bietet. Zudem besitzt die Abtei eine kostbare Klosterbibliothek und ein Byzantinisches Institut. Besonderes Gewicht wird neuerdings auf die Förderung kultureller Veranstaltungen gelegt. Der Cellerar des Klosters, Pater Lukas, fasst die Aktivitäten so zusammen: „Wir wollen den Leuten in der Region was bringen." Abt des Klosters ist Englbert Baumeister, ein gebürtiger Scheyerer.

Quellenangaben:
1 Pinzl, Christoph: Ein Arzt und das Hallertauer Volk.
2 Schneider, Dr. Josef: „Frigisinga" Sonderbeilage zum Freisinger Tagblatt, Nr. 3/1968.
3 Schranner, Dr. Georg: Heimatgeschichtliche Beiträge, unveröffentlicht und Völkl Georg: Harte Zeiten.
4 Lipowsky, Felix Friedrich: Darstellung des socialen und wirthschaftlichen Volkslebens Landgerichtsbezirkes Moosburg .
5 Lautenbacher, Dr. Karl: Mainburger Physikatsbericht, 1860.
6 Häuslmayr, Dr. Joh. Bapt.: Physikatsbericht für das Landgericht Pfaffenhofen, 1861.
7 Schmid, Johann: Die Geschichte des Marktes und der Pfarrei Au i.d.Hallertau.
8 Schwaiger, Josef in „Holledau Freising".
9 Zehetner, Ludwig: Die Mundart der Hallertau.
10 Gotteslob, katholisches Gebet- und Gesangbuch, Ausgabe für das Erzbistum München Freising.
11 Hubensteiner, Benno: Bayerische Geschichte, 1977

Veröffentlichung der Karte mit freundlicher Genehmigung der Bayer. Vermessungsverwaltung, Vermessungsamt Pfaffenhofen a.d. Ilm

Geisenhausen, Gde. Schweitenkirchen, Lkr. Pfaffenhofen a.d. Ilm, um 1860. Auf der Karte sind bei den einzelnen Höfen Hopfengärten zu sehen, die noch deutlich den Charakter von „Gärten" beim Haus haben. Die Zahlen in „schwarz" sind die Flurnummern der Grundstücke, die in „rot" die Besitznummern, entsprechend den heutigen Hausnummern. Markanter Punkt im Ort ist die Kirche, flankiert von zwei großen, vermutlich den ältesten, Höfen, links dem Wirtshaus von Armin Liebhardt und rechts dem „Selmer" von Andreas und Andrea Deuter.

Zieht man das Erscheinungsbild der bäuerlichen Dörfer insgesamt in Betracht, ist man versucht für die Hallertau von einer eigenen Hauslandschaft auszugehen. Das ist aber nicht der Fall, und zwar insbesondere deshalb nicht, weil diese Hausformen nicht nur ausschließlich in der Hallertau vorkommen. Die Bebauung in der Hallertau ist vielmehr ein Teil der nordwestbayerischen Hauslandschaft. Die geologischen und klimatischen Gegebenheiten haben von jeher die ganze Bandbreite der Möglichkeiten in der Landwirtschaft zugelassen. Angefangen vom Getreidebau und insbesondere vom Hopfenbau bis hin zur Viehzucht kann der Landwirt alles betreiben. Das war insbesondere in der Vergangenheit der Fall, in der die jetzt bestehenden Höfe entstanden sind. Diese Vielfalt hatte auch Einfluss auf die Hofformen, die Ausrichtung der Gebäude und die in der Hallertau vorzufindenden besonderen Baumerkmale der Hopfendarren und neuerdings ganzer Hopfengebäude. In der nachfolgenden Abhandlung wird den Merkmalen des alten Bauernhauses und denen des typischen landwirtschaftlichen Gebäudes sowie der Bauentwicklung nachgegangen. Mit der Geschichte von Höfen und bauhistorischen Beschreibungen wird das Bauernhaus in der Hallertau zusätzlich dokumentiert.

KENNZEICHEN DES ALTEN BAUERNHAUSES

Im Gegensatz zu den Bauernhäusern im Süden von München mit der alpinen Bauweise, wirkt der historische Hausbau in der Hallertau unauffällig. Andererseits erscheinen die alten Häuser der Hallertau in ihrer Grundform als einfacher Bau mit Steildach so klassisch, so zeitlosmodern, dass sie als Vorbild zeitgemäßen Bauens heute wie vor 100 Jahren - zu Zeiten des aufkommenden „Heimatstils" - wie auch in der jüngeren landschaftsbezogenen Bauberatung wie kaum andere Bauformen dienen konnten und könnten.[1]

Den Unterscheidungsmerkmalen der offiziellen Hausforschung folgend wird nachstehend auf den Grundriss und die Funktion sowie auf die Konstruktions- und Materialart eingegangen.

HOFFORM, GRUNDRISS UND FUNKTION

Die dörflichen Siedlungen waren ursprünglich relativ klein, aber nicht so zerstreut wie dies im südlich von München liegenden Teil Bayerns der Fall war. Einöden und Weiler sind in der Minderzahl. Die Hofstellen waren weitläufig, wie auch die Dörfer weitgehend offenen Charakter hatten.

Innerhalb der Höfe und Anwesen waren die Einzelgebäude locker und unregelmäßig gruppiert und dem Gelände angepasst, das selber nie durch Menschenhand verändert wurde (es fehlten die dafür nötigen Maschinen).[2] Man spricht hier vom westbayerischen Gehöft.[3] Die historische Bausubstanz eines Anwesens bestand bis zur Mitte des 19. Jahrhunderts aus nur drei Teilen, nämlich dem Wohnstallhaus, dem Getreidestadel mit eingebautem Stall und Schupfen (Remise und Getreidekasten). Daneben gab es Kleingebäude (Backhaus, kleine Ställe für Schafe und Schweine u.ä.). Dies galt sowohl für den ganzen Hof (Meier) als auch für den halben Hof (Huber) und den viertel Hof (Lehner). Die Sölden waren bescheidener ausgelegt, meist befand sich alles unter einem Dach. Der Kuhstall als eigenes Gebäude trat erst im 19. Jahrhundert auf.

Das Haus in der Hallertau ist ein traufseitig erschlossenes Wohnstallhaus (ein Querflurhaus, ein Mitterstallhaus), d.h. der Flur (Flez) verläuft senkrecht zum First und teilt den Wohnbereich in allen Häusern in Stube, Küche und Austragsbereich (rechts vom Gang) und in Vorder- und Hinterkammer (links vom Gang). Zwischen Vorder- und Hinterkammer führt der schmale Gang zum Stall. An den Stall mit böhmischem Gewölbe schließt sich die Remise als dritter Teil des Hauses an. Über der großen Stube liegt die Bodenkammer, über Stall und Remise der Heuboden.

Alle Gebäude waren bis in die Mitte des 19. Jahrhunderts eingeschoßig mit hohem Steilsatteldach, das sich aus einem ursprünglichen Voll-

bzw. Halbwalm entwickelt hat. Der Haustyp in der Hallertau wurde auch als Greddachhaus bezeichnet.[4] Diese Bezeichnung bezieht sich sowohl auf die Grundform (ohne Stockwerk) als auch auf die Variante mit einem halben Obergeschoß. Die Variante heisst in der Literatur „Landshuter Haus" (s. Bild S. 32).

KONSTRUKTIONS- UND WANDART

Bis zum Beginn des 19. Jahrhunderts bestimmte das Holz die Form der meisten Gebäude. Erst später setzte sich mit Verwendung des Ziegelsteines die Massivbauweise durch. Die Holzbauten wurden auf Grund der unterschiedlichen Konstruktion in zwei Gruppen geteilt. Bis etwa 1700 wurde als Primärbauweise der Ständerbau angewandt.[5] Beim Ständerbau verbinden sich waagrechte und senkrechte Balken zu einem festen Gerüst, das durch schräge Streben und Bänder noch weiter ausgesteift ist. Die einzelnen Felder zwischen den rahmenden Hölzern wurden bis hinein ins hohe Mittelalter mit lehmverstrichenem Flechtwerk gefüllt. Vom Konstruktiven her waren die früheren Bauernhäuser südlich der Donau in der Regel Ständerbauten. Dem Ständerbau folgte etwa ab dem 18. Jahrhundert der Blockbau. Beim Blockbau werden die waagrecht aufgezimmerten Balken durch die Eckverbindung und durch Holzdübel miteinander verbunden. Die Türsäulen sind die einzigen senkrechten Bauelemente.

Das Holz war bis zum 19. Jahrhundert weitgehend der ausschließliche Baustoff. Die Verwendung von Ziegel ist in der Hallertauer Landschaft bis zu diesem Zeitpunkt beschränkt auf Kirchen, Klöster, auf Bauten des Adel, Wirtshäuser und Bauten des Müllers. Der deutliche Umschwung hin zum Massivbau aus Ziegelsteinen erfolgte zwischen 1850 und 1860. In diesem Jahrzehnt des 19. Jahrhunderts ging das Sterben der Holzgebäude wie eine Seuche über das Land! Der Ziegelstein wurde nicht selten im hofeigenen Brennofen hergestellt. Im 19. Jahrhundert sind allein im Ort Berghaselbach, Lkr. Freising, bei drei Höfen Brennöfen nachgewiesen.[6]

Das Bauernhaus in der Hallertau war in der Regel ein Steildachhaus. Das war notwendig, weil die Dächer mit Roggenstroh oder ausnahmsweise mit Scharschindeln gedeckt waren (Sparrendach). Eine besondere Eigenart der Hallertau war die niedrige, eingadige Form der Gebäude, die durch die hohen, steilen, abgewalmten Strohdächer noch verstärkt war. Am deutlichsten zeigten die Stadelbauten diesen altartigen Charakter. Ihre Aussenwände waren so niedrig, dass die Tennentore zurückgesetzt werden mussten und die Froschmäuler genannten Einschnitte entstanden.[7]

Als Musterbeispiel des Bauernhauses der Hallertau, zumindest der Umgebung von Au i.d. Hallertau, kann das ehemalige Einödanwesen Thonlehen angesehen werden. Bauweise und Einteilung sind aus dem nachfolgenden Plan ersichtlich. Wichtig sind hierzu auch die Maßangaben.[8]

EINRICHTUNG UND AUSSTATTUNG

Im Januar 1828 starb der Schuster Thomas Fischer auf dem Schusteranwesen in Hirschbach am Ursprung der Hallertau. Aus der Beschreibung des Nachlasses sind folgende Einteilung und Einrichtung des Hauses zu entnehmen:[9]

„*Im Zimmer:* 1 Kruzifix, 3 gläserne Tafeln, 1 feichtener Tisch, 3 blecherne Löffel, 1 Vorbank, 1 Rührkübel, 1 Milchbank, 24 Milchweidling, 9 Hühner, 1 kupferner Hafen, 1 eiserner Höllhafen, verschiedenes Kupfergeschirr, 1 Milchgelten, 1 Wassergelten, 1 Wassergrand, 1 Schafl, 1 Nudlrein, 1 Hänguhr, 2 Kerzenleuchter, Schuhmacherwerkzeug.*
Im Fletz: 1 Krautfaß, 3 eiserne Schaufeln, 2 Erdäpfelhändl, 3 Grassicheln, 3 Wasserschaffeln, 1 Bierfaßl, 1 Stoßgrand, 1 Milchkasten, verschiedenes irdenes Geschirr, 5 Erntesicheln, 1 Rührkübel.*
In der Kuchl: 1 Dreifuß, 1 Stoßeisen, 2 kupferne und 1 eiserne Pfann, 1 kupferner Nudelkessel, 1 Fleischbeil, 1 Mehltruhe, 1 Küchlspitz, 1 Nudelscherer.*
Im Kuchlstübl: 1 einschläfriges Bett samt Bettstadl, 2 Vorbänke, 1 altes Schmalzpfandl, 1 Schl. Erdäpfel, 1 Hafen mit 6 Pfd. Schmalz.*
In der vorderen Kammer: 1 zweischläfriges Bett samt Bettstadl, 1 Hängeuhr, 1 Schißlkorb, 9 hölzerne Teller, 1 Pfefferbüchse, 1 Tisch.*

Alter Stadel mit Froschmaultor.

Altes Greddachhaus in Freinhausen, Markt Hohenwart, Landkreis Pfaffenhofen. Der Zugang zum Haus erfolgt über die Traufseite und die Fenster sind durch Läden geschützt.

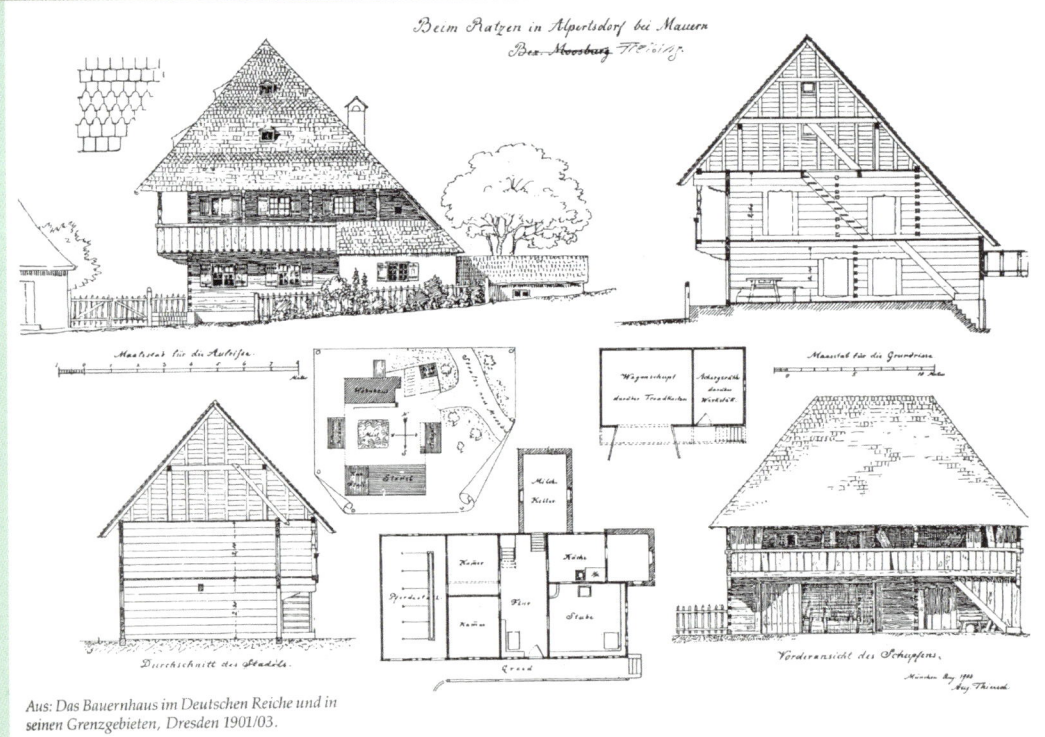

Aus: Das Bauernhaus im Deutschen Reiche und in seinen Grenzgebieten, Dresden 1901/03.

Hofanlage und Gebäude eines Hofes in der Hallertau im 19. Jahrhundert.

Grundriss des Thonlehnerhofes.

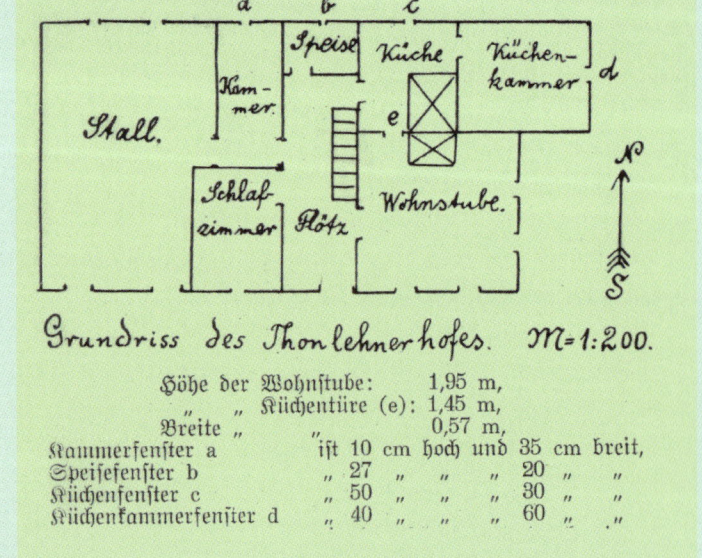

Grundriss des Thonlehnerhofes. M=1:200.

Höhe der Wohnstube: 1,95 m,
  „   „ Küchentüre (e): 1,45 m,
  Breite „   0,57 m,
Kammerfenster a   „ ist 10 cm hoch und 35 cm breit,
Speisefenster b   „   „ 27 „   „ „ 20 „   „
Küchenfenster c   „   „ 50 „   „ „ 30 „   „
Küchenkammerfenster d „ „ 40 „   „ „ 60 „   „

In der hinteren Kammer: 1 Bett samt Bettstadl, 1 Kinderbett, 1 Baumsäg, 1 Spannsäg, 1 Aufleger.

Auf dem Boden: 1 kleiner und 1 großer Backtrog, 1 alte Bettstatt, 1 Haspel, 1 Stoßgrand, 1 kupferner Waschkessel, 2 Getreidesäcke, 1 Hachelstiel, 1 Spritzkrug, 4 Reitern, 3 Schneidstühl.

Auf dem Getreidekasten: 1 $\frac{1}{2}$ Schl. Korn

Im Kühstall: 4 Ketten, 1 Besen, 1 Wurzgabel, 1 Barrn, 2 Ochsen, 3 Kühe, 1 junges Rindl.

Im Stadl: 1 Windmühle, 1 Flachsbrecher, 1 Rechen, 1 Heugabel, 7 Drischeln, 1 Leiter, 1 Besen, $\frac{1}{2}$ Metzen, 1 Wasserschaffel.

In der Wagenschupfe: 1 Wagen, 1 Pflug, 1 Egge.

Im Schweinestall: 2 Ferkeln.

Im Schafstall: 3 Schafe.

Das ganz von Holz erbaute Wohnhaus samt Stadel und Kuhstall unter einem Stroh- und Schindeldach exclusife der Baufäll ist 300 fl wert; die hölzerne Wagenschupfe mit Strohdach 20 fl, das hölzerne Waschhaus 15 fl, der hölzerne Brunnen 6 fl."

DAS BAUERNHAUS UM 1860

Dr. Karl Lautenbacher hat in seinem Physikatsbericht zum Landgericht Mainburg von 1860 auch die Wohnungsverhältnisse auf den Anwesen beschrieben. Auszüge daraus sollen das Bild des Hauses der Hallertau und seiner Bewohner abrunden:

„Außer Wirts- und Müllershäusern, dann Pfarrhöfen und neuen Schulhäusern bestehen die Gebäude nur aus einem einzigen, dem Erdgeschoße, und zwar bei Kleingütlern Wohn- und Wirtschaftsräume unter einem Dache; bei Vermöglichern stehen Schupfen, Stadel, Stallungen für das Kleinvieh, Schafe und Schweine, und hier wie dort der Backofen isoliert. Manche größere, besonders Einzelhöfe sind mit Planken, teilweise auch Ergänzungsmauern zum Vierecke eingefriedet, in dessen Mitte der Bauern Stolz, der unvermeidliche Misthaufen lagert.

Im Rahmen der Sanierung eines alten Hauses wurde auch die Gred wieder hergestellt, ein von Dach und Baum geschütztes Plätzchen zum Verweilen!

Die Einteilung der meisten Häuser beginnt bei der an der Flanke liegenden Haustür, zu welcher man von der sog. Gräd (Gred v. grada) aus gelangt. Der Eingang ist mit einem halbhohen Gitter oder Gattern mittels einfallender Feder geschlossen, während die Türe selbst bei Tag offen steht. An dieser findet sich ein gedruckter Haussegen oder wenigstens ein Drudenfuß, aus, die Kreuz und Quere verschlungener, am Palmsonntage geweihter Weidenrinde, angenagelt.

Von hier gelangt man in einen das Geschoß teilenden Gang (Flötz), der nach hinten mit der Gartentüre schließt. Auf einer Seite, gewöhnlich rechts, liegt die Wohnstube. Sie zählt in der Regel 3-4 kleine unverhältnismäßig niedere Fenster, von denen 2 auf die Gräd und das 3. zur Seite in den Baumgarten hinausgehen. ... Im Hintergrund zwischen der Stubentüre und dem Kochofen ... liegt die schmale Küchentüre; nach dem Ofen kommt ein an der Mauer angebrachtes 1$\frac{1}{2}$-2` breites Brett (Lotterbrett oder Lodern), welches den Leuten statt Sopha oder Diwan der Stadter als Ruheplatz, zum Lager für Kranke zur Winterszeit und Gäste niedern Ranges, z.B. Handwerksburschen oder Bettelleute, dient. Hierauf folgt an derselben Seite die Türe zu einem angebauten Nebenstübchen, gewöhnlich vom Austrägler bewohnt, und in diesem Falle auch noch mit eigenem Ausgange von Außen versehen. Unter der Ofen-

DIE BAUGESCHICHTE IN BILDERN DOKUMENTIERT

Nach dem Brand im Jahre 1882 wird das Wohnhaus als sogenanntes Greddachhaus mit Steinen aus der eigenen Ziegelei aufgebaut. Das Haus, 23 Meter lang, ist ohne Fundament. Die etwa 1915 gefertigte Aufnahme lässt vor dem Haus die mit Ziegeln belegte Gred erkennen. Im Hintergrund ist das Stallgebäude mit der angebauten Hopfendarre zu sehen. An Personen sind von rechts noch bekannt: Auf dem Wagen stehend der spätere Eigentümer Josef Neumair, Jahrgang 1894, der Fuhrknecht, der Bauer Josef Neumair sowie weitere Familienmitglieder. (1)

1922, vor der Einheirat der Maria Widmann wurde ein sogenannter Zwerchgiebel aufgebaut, wodurch weitere Zimmer entstanden. Zu beachten ist der Blumenschmuck. (2)

1956 wird das Wohnhaus aufgestockt. Das Hopfengebäude im Osten ist noch unverändert. Das auf der rechten Seite des Dreiseithofes ist der Stall mit dem etwa 1906 angebauten Maschinenhaus, in dem früher der Göpel und später die Dreschmaschine zum Dreschen des Getreides untergebracht waren. Im Vordergrund ist noch das Huberanwesen zu sehen, das der Westermaier 1970 gekauft hat. (3)

1993 hat der Westermaier das auf 1882 zurückgehende Wohnhaus abgebrochen und an gleicher Stelle ein neues Wohnhaus errichtet. Der Planer, Zimmerermeister Johann Kürzinger, Abens, hat sich dabei erfreulicherweise an bodenständigen Bauformen orientiert. (4)

Bis zum heutigen Tag erhalten blieb das Greddachhaus mit angebautem Austragsstüberl in Oberthann bei Schweitenkirchen.

bank, Ofenbrunn genannt, noch häufiger aber unter jenem Teile der an den übrigen Wänden der Stube herum festgemachten Bänke, rechts von der Türe, befinden sich die gefiederten Pfleglinge der Hausfrau, die Hühner, denen eine eigene, zur Nachtzeit geschlossene Öffnung in der Mauer (Hühnerloch) Ein- und Auslauf auf die Gräde und den nahen Hof samt Misthaufen gewährt. ...

Von der Wohnstube gelangt man, wie bereits erwähnt, in die meist finstere und noch im höchst unpraktischen Urzustande befindliche Küche mit offenem Herde und weitem Rauchmantel; von da nach hinten in die Speise oder einen kleinen Keller.

Neben der Küche, und zuweilen von hier anstatt vom Wohnzimmer aus zugänglich, liegt das schon erwähnte Austragsstübchen.

Vom Hausgange oder Flötze links führt die Türe zur Kammer, dem Schlafgemache des bäuerlichen Ehepaares und der kleine-

ren Kinder derselben, mit nur einem Fenster auf die Gräde. Dies Gemach enthält als Hauptstück die große buntbemalte Doppel- sogenannt zweispännige - Bettlade mit 4 Säulen und einem hölzernen Dache, daher auch Himmelbettstadt genannt, an deren innerer Kopfseite ein Auge Gottes, die Herzen Jesu und Maria, und noch häufiger die Anfangsbuchstaben der Namen des Ehepaares und des Heiratsjahres angemalt sind, samt dem entsprechenden hochaufgetürmten schweren Doppel-Federbette, aus einem Unterbette, Oberbette (Duchent) und 2 Kopfkissen bestend, mit Deckel versehene große Lade unter der Bettstatt zur Aufnahme von Geld und anderen wertvollen Dingen; dann einen hohen Hängkasten, von außen ebenfalls mit Heiligenbildern und Namen bunt bemalt, zur Aufbewahrung von Kleidern, Schmuck, Wäsche und hauswirchener, d.h., im Hause selbst gesponnener Leinwand; außerdem haben notdürftig nur noch ein kleiner Tisch und ein gußeiserner Ofen Platz.

Hinter der Kammer folgt ein schmaler Gang in den Stall, die Bodenstiege, und zuletzt noch ein Stübl zu allerlei Gerümpel, als Menscherkammer (Schlafgemach der weiblichen Dienstboten und erwachsenen Töchter des Hauses) benützt, während die Knechte in oder ober dem Pferdestall schlafen.

Unmittelbar an die Gemächer dieser linken Seite des Hauses angebaut sind die Stallungen für Rindvieh und Pferde, sämtlich mit dem Wohnhause unter einem Dache, von der Gräde aus mit eigenen Eingängen versehen.

Charakteristisch für den Bezirk wie für die ganze Holledau sind die unverhältnismäßig hohen Giebeldächer mit wenigstens 2, auch 3 übereinanderliegenden Speichern oder Böden (s. Bild oben), nötig zum Trocknen oder Dörren des Hopfens ... bei ungünstiger und als besser anerkannt, selbst auch bei schöner Witterung. In allen Bauers- und auch schon in den meisten Söldners-Häusern befindet sich auf dem Speicher oberhalb der Wohnstube noch eine eigene Kammer mit 1 oder 2 Fenstern in der freien Giebelmauer zur Aufnahme der nicht *zum täglichen Gebrauche nötigen „schöneren Sach", eines Gastbettes, verschiedener Geschirre und Truhen mit Vorräten an Mehl, gedörrtem Obst usw.*

Der dem Hause gegenüberliegende hölzerne Stadel hat eine große Einfahrt, und enthält eine Dreschtenne mit Getreide-Einlagen zu beiden Seiten, daran lehnt sich eine offene Schupfe zur Aufnahme der Wagen, Pflüge, des Holzes udgl.

Die Aborte sind nahe am Hause hinter demselben angebracht, und bestehen aus einem Bretterhäuschen mit Türe, in welchem ein schmales Sitzbrett angebracht ist. Man gelangt zu ihm auf kürzestem Wege durch die Hintertüre des Hauses. Da dieselben nicht vor Zugluft, Wind und Wetter schützen, so geben sie häufig zu Erkältungen Anlaß; haben übrigens das Gute, daß sie schädliche Ausdünstungen und üblen Geruch vom Hause fernhalten."   Soweit Dr. Lautenbacher.

NEUES BAUEN

Die Bauernbefreiung im Jahre 1848 zeitigte auch, was das Bauen betrifft, ungeahnte Folgen. Der Bauer, der nun endgültig in die eigene Tasche wirtschaftete, arbeitete mit erhöhtem Fleiß. Innerhalb von zehn Jahren wurden die Erträge verdoppelt und verdreifacht. Nachdem auch noch die Ödflächen kultiviert wurden und die landwirtschaftlichen Flächen zunahmen, erlebte der Bauernstand eine Blüte. Eine der Folgen war, dass sich der Bauer ein neues Wohnhaus aus Ziegeln, hergestellt oftmals im eigenen Brennofen, leisten konnte. Die Hallertau erlebte um 1860 den ersten Bau-Boom und kurz vor Ausbruch des Ersten Weltkrieges den zweiten. Glichen die ersten Häuser aus Stein vom Aussehen her noch dem über Jahrhunderte hinweg üblichen Holzhaus, wollte man bei der zweiten Welle schon zeigen, dass man jemand ist und etwas hat.

Die zu Beginn des 20. Jahrhunderts geschaffene Bausubstanz überstand den Zweiten Weltkrieg, - Gott sei Dank - ohne Schaden. Dennoch setzte in den 50iger Jahren schon bald eine Modernisierungswelle im Bereich der Wohnhäuser ein, die den alten Bauernhäusern und den Ort-

schaftsbildern nicht immer zum Vorteil gereichten. Ehedem geordnete Fronten wurden durch den Einbau übergroßer Fenster zerstört, die auf das notwendige beschränkte und den Hauseingang beschützende Altane wurde durch einen sich auf die ganze Längsseite des Hauses erstreckenden Balkon auf eine den Gesamteindruck des Hauses entstellende Weise ersetzt und gelegentlich einer fälligen Dachreparatur wurde auch noch der vom Zimmermann mit viel Einfühlungsvermögen gestaltete Dachvorsprung verkürzt und auf im wahrsten Sinne des Wortes „windige" Windbretter reduziert. War dann auch der Außenputz noch schadhaft, wurde nicht der Maurer zum Ausbessern sondern der Fassadenbauer geholt und der nahm dem ehemals in Farbe und Symetrie stimmungsvollen Bauernhaus mit einer Eternitfassade Würde und Stimmigkeit. Die Ursachen für diese Entwicklung sind vielfältig. Ein wesentlicher Faktor ist die Technik, die nicht nur die Arbeitsweise des Bauern änderte sondern auch neue Baustoffe hervor brachte, und deren enorme Beeinflussung von Landwirtschaft und Handwerk. Vorübergehend kam die Geschmackskultur völlig zum Erlöschen. Am Ausgang des 20. Jahrhunderts wurden diese Fehler erkannt. In einer Art Rückbesinnung wird das Haus in der Hallertau wieder nach alten, heimischen Formen gebaut.

DER DREISEIT-HOF BEIM WESTERMAIER IN HIRNKIRCHEN

Fährt man auf der Staatsstraße 2045 von Abens in Richtung Au i.d. Hallertau, fallen einem im Tal der Abens beim Ort Hirnkirchen neben der Kirche St. Peter und Paul das Anwesen des Mesners und dahinter auf dem ansteigenden Hang der Westermaierhof auf. Die Familie Neumair, seit 1782 auf dem Hof, ist sich der Verantwortung für das ererbte bewußt. Sie kann mit Bildern die bauliche Entwicklung insbesondere des Wohnhauses belegen. Anhand dieser Bilder wird das bauliche Werden nachgezeichnet. Zunächst aber

die Entwicklung des Hofes in den letzten 200 Jahren

In der Mitte des 18. Jahrhunderts ist der Westermaier $^1/_2$ Hof, der zu St. Andrä in Freising gehört. Im Häuser- und Rustikalsteuerkataster des Steuerdistrikts Hirnkirchen, königl. Landgericht Moosburg, von 1812 ist der Westermaier wie folgt beschrieben:[10]

„Beim Westermaier, Hs.Nr. 8, Mathias Neumair. Der $^1/_2$ Westermaierhof, Nutzungsanteil an ungeteilten Gemeindegründen.
Dominikal-Verhältnisse:
a) Gerichtsbar zur Hofmark Hirnkirchen.
b) Freistiftsbar zum Steueramt Moosburg.
c) 2/3 zur Pfarrkirche Abens, 1/3 zum Rentamt Moosburg.
d) Giltbar zur Kirche Abens.
Steuerkapital 3775 fl neu.

Nach dem Rustikal-Zehentsteuerumschreibheft der Steuergemeinde Hirnkirchen gehören zum Westermaier 1839 an Grund 98 Tagwerk, 88 Dezimal.[11]

Genaue Aussagen über den Hof enthält dann der Grundsteuerkataster vom 7. Juni 1862. Darin ist zunächst der Hof wie folgt beschrieben:

„Der halbe Westermaierhof, Plannr. 30 Wohnhaus mit Pferdestall, Stadel mit Küh-, Schaf- und Schweinestall, dann Wagenschupfe, Hofraum und Wurzgärtchen, Plannr. 31 Gras- und Hopfengarten mit Backhaus und Ziegelstadel, die Point."

Zu den Eigentumsverhältnissen ist folgendes ausgesagt: „Den halben Westermaierhof hat Sebastian Neumair laut Brief vom 5. Februar 1849 von seinem Vater Mathias Neumair mit verschiedenen Dareingaben und mehreren inzwischen veräußerten Grundstücken um 5000 Gulden übernommen und laut Ehevertrag vom nämlichen Tage seiner ersten Ehefrau Krescentia, geborene Wisbeck, zum Mitbesitze und Miteigentum angeheiratet und auf deren Ableben laut Muttergutsvertrag vom 18. Januar 1856 wieder zum Alleineigentum erworben. Laut Ehevertrag hat Sebastian Neumair mit seiner gegenwärtigen zweiten Ehefrau Katharina, geborene Utz, eine allgemeine eheliche Gütergemeinschaft geschlossen."

Im Jahr 1873 ist die Witwe Katharina Neumair die Eigentümerin.
Fünf Jahre später (1878) nennt das Grundsteuerkataster-Umschreibheft als Eigentümer Sebastian und Katharina Neumair.[12] An Gebäulichkeiten werden genannt: Wohnhaus mit Stall, Stadl mit Stall, Back-

haus mit Schweinestall (1876 gebaut), Wagenschupfe, dann Hofraum sowie Gras- und Hopfengarten. An Grund sind 25,62 ha vorhanden.
Nachdem 1882 Gebäude abgebrannt sind, lautet 1883 der Beschrieb:

Wohnhaus mit Pferdestall, Stadel mit Kuhstall, Maschinenhaus, Schweinestall, Backhaus und Hofraum.

Am 30. Dezember 1886 übergibt Katharina Neumair den Hof ihrem Sohn Josef Neumair und der Theres Ehrmair zum Anschlag von 25010 Mark für Immobilien und 2500 Mark für Mobilien.
1896 werden eine Remise und ein Schupfen angebaut.
1898 erwirbt der Westermaier die Grundstücke Fl.Nr. 106, Point, mit 0,467 ha und Fl.Nr. 124, Bergacker, mit 0,388 ha, womit der Gesamtbesitz auf 26,475 ha steigt. Durch weitere Zuerwerbungen steigt der Besitz bis 1905 auf 30,334 ha.
1904 wird die Remise verlängert und eine Hopfendarre angebaut.
1907 werden die vorhandenen Gebäude wie folgt beschrieben:

Wohnhaus mit Pferde- und Kuhstall, Wagenremise, Schweinestall, Kuhstall, Stadel, Wagenremise, Hopfendarre, Maschinenhaus und Hofraum sowie Gras- und Hopfengarten.

Am 4. Juni 1923 übernehmen der Sohn Josef und seine Ehefrau Maria Widmann (vom Marx in Mösbuch) den Hof. Es ist Inflationszeit. Der Wert des Hofes einschließlich des Besitzes in Hemhausen ist angesetzt für Immobilien mit 3 Millionen und für Mobilien mit 2 Millionen Mark. Nachdem der Bauer verstorben ist, wird die Witwe Maria Neumair am 4. März 1952 Eigentümerin. Die Gesamtfläche ist mit 30,327 ha angegeben. Im Jahr 1961 heiratet der Sohn Xaver Hildegard Redl aus Reichertshausen und übernimmt mit ihr den Hof.

Die bauliche Entwicklung in der „guten neuen" Zeit

In der Zeit zwischen etwa 1950 und 1990 erlebte die Landwirtschaft in der Hallertau eine Blütezeit, wie sie nur mehr mit dem Aufschwung nach 1848 zu vergleichen ist und die oft zitierte „gute alte Zeit" - wann immer diese auch war - weit in den Schatten stellte. Viehzucht und insbesondere der Hopfenbau warfen gute Erträge ab. Neben den üblichen und kaum vermeidbaren Infestitionen für die Anschaffung von Schleppern mit ebenso praktischen wie teuren Zusatzgeräten und für eine Hopfenpflückmaschine sowie für die Erstellung von Hopfenanlagen hat der Westermaier in Hirnkirchen in dieser Zeit folgende Gebäude neu errichtet oder umgestaltet:

1956 Wohnhaus aufgestockt,
1963 Maschinenhalle neu errichtet,
1969 Stall und Maschinenhalle abgebrochen und einen neuen Milchviehstall gebaut,
1970 Nachbaranwesen, das die weitere Entwicklung des Hofes beeinträchtigte, gekauft und abgebrochen,
1976 Hopfengebäude aufgestockt und saniert,
1993 Wohnhaus abgebrochen und neu gebaut.

Der Kiermeier in Pfettrach, Landkreis Freising, baute zu Beginn des 20. Jahrhunderts ein Wohn-Stallhaus, dessen reiche Putzgliederung und „Kugelfenster" teilweise noch zu sehen sind.

Quellenangaben:
1 Gebhard/Bedal: Bauernhäuser in Oberbayern, Band I.
2 Seibold, Christian: Bäuerliche Holzbauformen des 17. und 18. Jahrhunderts im Landkreis Freising.
3 Dehio, Georg: Handbuch der deutschen Kunstdenkmäler, Band IV: München und Oberbayern.
4 Wie Nr. 3.
5 Wie Nr. 2.
6 Widmann, Adolf: Berghaselbach, seine Anwesen und Bewohner.
7 Wie Nr. 2.
8 Schmid, Johann: Die Geschichte des Marktes und der Pfarrei Au i.d. Hallertau.
9 Völkl, Dr. Georg: Bäuerliche Hausaltertümer in „Volk und Heimat" Nr. 6/1936.
10 StAM 6567.
11 StAM 6569.
12 StAM 6575.

Trachtenmotive aus Siegenburg

Freude und auch Selbst-
vusstsein tragen die
glieder des Heimat-
Volkstrachtenvereines
renau die Tracht.

Kirchentracht um 1720.

er Hallertauer spricht, meint er seine Kleidung, von seinem „Gwand". Freilich wird auch die Bezeichnung Tracht (eine spezielle Kleidung „tragen") verwendet. Während „s`Gwand" also die Gesamtheit der Bekleidung bezeichnet, ist unter Tracht wohl eine Kleidung zu verstehen, die in einer räumlich zu begrenzenden Landschaft zu einer bestimmten Zeit vornehmlich von der bäuerlichen Bevölkerung getragen wird. Sie ist wohl eine Art ländlich ausgearbeitete städtische (modische) Kleidung, die zeitlich eine Spur hinterher hinkt. Die Tracht wird in der Hallertau ab dem 18. Jahrhundert einigermassen gefestigt und verbreitet als festliche Kleidung vorgefunden. In der Zeit davor lebte der Bauer noch im Zwang zahlreicher Regeln und Verordnungen sowie in voller Abhängigkeit von seinem Grundherrn. Dieses Verhältnis erlaubte ihm vielfach nur ein karges Leben; sich eine festliche Kleidung zu schaffen und damit zu „prangen", dazu reichte das Erwirtschaftete und das nach der Ablieferung an den Herrn Verbliebene in aller Regel nicht aus. War er dennoch in der Lage, sich ein besseres Gwand zuzulegen, dann durfte das nur unter Beachtung von Kleiderordnungen geschehen.

KLEIDERORDNUNGEN

Die Kleiderordnungen gehörten zu den von der Stadt- oder Staatsregierung erlassenen Aufwandsgesetzen und Luxusververboten .[1] Sie bestimmten Schnitt, Material und Preis der Kleidung und dienten der Kennzeichnung der Gesellschaftsklassen und zur Aufrechterhaltung der Standesunterschiede. Noch in der früheren Neuzeit war die Gesellschaft in Stände gegliedert. Der Bauer bildete den sogenannten vierten Stand, der im Vergleich zu den anderen Ständen rechtlich und politisch schlechter gestellt war.[2] Verständlich, dass damit auch in bezug auf die Kleidung auf eine Unterscheidung geachtet wurde, d.h., dass man dem Bauern und dem gemeinen Volk auf dem Lande keine Kleidung zugestehen wollte, wie sie der Adel, der Klerus und die Bürger trugen. Vor diesem Hintergrund ist es zu verstehen, dass nicht allein die Obrigkeit an Kleiderordnungen interessiert war, sondern auch

die Vertreter der Bürgerschaft und der Stände. Die Kleidung war wesentlicher Ausdruck des persönlichen Status und bedurfte demzufolge einer Reglementierung.[3]

Wohl hat der Bauer auch schon im 16. Jahrhundert so etwas ähnliches wie eine Tracht getragen, von einer Vielfalt und land-schaftsbezogenen Unterscheidung konnte aber kaum die Rede sein.

Erst im 18. Jahrhundert nahm das Interesse an der ständisch differenzierten Kleidung ab. Die rangmässige Unterscheidung der Stände verlor zu dieser Zeit immer mehr an Bedeutung und wurde am Ende des 18. Jahrhunderts nahezu ganz aufgegeben. Nun war es auch dem Bauern möglich sein Gwand nach seinem Geldbeutel und nach seinem Geschmack auszuwählen und zu tragen.

KLEIDERORDNUNGEN UND DIE FOLGEN FÜR DAS BÄUERLICHE VOLK

Es ist verständlich, dass bei der streng christkatholischen Bevölkerung in der Hallertau für den Besuch von Gottesdiensten besondere Kleidervorschriften galten. Der Mesner oder ein aufgestellter Kirchendiener achtete darauf, dass die Verordnung auch eingehalten wurde. Bei groben Verstössen schritten sie ein und erstatteten Anzeige beim zuständigen Gericht.

So stand zum Beispiel am 28. November 1713 der Zanklmayr aus Haag an der Amper vor dem dortigen Hofmarksrichter und musste sich nicht nur wegen seines vernachlässigten Aussehens (ohne ausgekampeltes Haar), sondern auch deshalb verantworten, weil er während der Messe keinen „Flor um den Hals" (Halskragen) trug. Soviel Respektlosigkeit konnte unmöglich hingenommen werden. Der Zanklmayr wurde wegen solcher „gegen Gott gezeigten Irreverenz" (Missachtung, Ehrfurchtslosigkeit) mit einem ernsten Verweis bedacht und auch noch dazu verurteilt, an die Ortskirche ein Pfund weisses Wachs abzuführen.

Auch in Zolling entstand 1722 wegen der Kirchenkleidung ein Streit. Der Pfarrer hatte den Moosmüller gerügt, weil die Kirchentracht nicht in Ordnung und er insbesondere ohne Kragen war. Der Moosmüller wandte sich daraufhin an die bischöfliche Regierung in Freising und stellte den Sachverhalt aus seiner Sicht dar. Danach ist der Pfarrer nach dem Evangelium vom Altar weg und zu seinem Stuhl gelaufen und „brachte wider mich eine erschröckliche Aufschreyung vor". Vor der versammelten Pfarrgemeinde fragte er den Moosmüller, warum er keinen Kragen aufgesetzt hat. Der Pfarrer, zur Stellungnahme aufgefordert, glaubte, es sei sein Recht und seine Pflicht im Gotteshaus alle „Ungebühr und Ärgernis" abzuschaffen. Der Pfarrer weiter: „Wenn ich das Mandat verlese, dann setzen alle die Krägen auf, welche Kleidung nicht allein mir, sondern auch ihnen wohl gefällt mit dem Vermelden, es sei gar schön und zierlich, dass alle an Sonn- und Feiertagen mit einem aufgesetzten Kragen in die Kirche gehen." Erst auf Vermittlung des Dekans verglichen sich die beiden „ordentlich und giedlich".[4]

Die beschriebenen Fälle sind freilich kein reiner Verstoß gegen die Kleiderordnung, sondern auch ein Vergehen gegen Sitte und Anstand, und zwar deshalb, weil die Leute einfach schlampig in die Kirche gekommen sind. Gleichwohl hat das mit Reglementierung zu tun.

ERSTE BESCHREIBUNGEN DER TRACHT

Um 1800 hat Joseph Hazzi, „General-Landesdirectionsrath" das Herzogtum Baiern bereist, Land und Leute beschrieben und dabei erste brauchbare Aussagen zur Kleidung der Leute getroffen.[5] Er hat seine Aufzeichnungen auf die jeweiligen Gerichtsbezirke bezogen. Ein nahezu die gesamte damalige Hallertau umfassender Gerichtsbezirk war Moosburg (von Moosburg bis an die Grenzen von Mainburg und Wolnzach). Wegen der Bedeutung werden hier die gesamten, die Kleidung betreffenden Aussagen wiedergegeben:

„Die Kleidung besteht für den Mann in einem schwarzzwilchenen oder blauen Rock, roter Weste, Beinkleidern von Zwilch - im Sommer meist ohne Strümpfe und Schuhe - die Weibsleute sind in blaue leinene Zeuge gekleidet. Einen auffallenden Unterschied macht das Ampertal. Das männliche und weibliche Geschlecht ist hier groß und wohlgestaltet; der Mann trägt einen feinen blauen Rock; rote Weste, grünen Hosenträger darüber und einen Gurt, dann schwarzlederne Beinkleider, blaue Strümpfe und Schuh mit Bändern. Die Weiber haben zwar kurze, aber dick gepolsterte, schwarze Röcke, einen schwarzen Ganges, steifes Mieder und am Hals ist alles eng zusammengezogen, den Kopf bedeckt eine große, schwarze Mütze von Otter. Die jüngeren Mädchen haben blaue Hauben mit Spitzen und eine Art Casquet, worunter ihre Haare in Zöpfe geflochten sind - nebenbei hat jede einen Gürtel von Silber oder Metall um den Leib - auf dem Tanz sieht man bei ihnen schöne weiße Strümpfe und feine weiße Tücher mit Spitzen auf dem Kopf."

Auch in seinen Berichten, die sich auf die die heutige Hallertau umgebenden Gerichte beziehen, hat Hazzi die Kleidung beschrieben. Wegen des Einflusses auf die spätere Hallertauer Tracht und des veränderten Gebietsumfanges der Hallertau, sind die betreffenden Aussagen hier von Bedeutung.

Gericht Kranzberg:

„Die Kleidung ist wenig von der im Gericht Pfaffenhofen üblichen verschieden. Die Männer lieben die blaue Farbe zu Röcken mit gleichen Knöpfen von Kameelhaar und die rote zu Westen. Um den Leib schnallen sie einen breiten Gurt und grüne Bänder halten von außen über die Weste die schwarzen Hosen fest. Ihren Kopf bedeckt ein runder Hut. Bei den Weibspersonen bildet der Mieder und ein kurzer Rock in einem Stück nebst einem Schurz den ganzen, häßlichen Anzug."

Gericht Dachau:

„....braun- oder schwarzhaariger Menschenschlag, dessen Kleidung, nach dem verschiedenen Geschmacke der angrenzenden Gerichter geformt, äußerst arm und elend und kaum einige Gulden wert ist; vorzüglich aber ist das Weibervolk so zusammengeschnürt und gepolstert, daß es kaum glaublich ist, wie sich so häßliche Anzüge so lange erhalten konnten. Eine Ausnahme macht hievon das Glonntal, dessen Einwohner auch in diesem Stück mehr Ordnung und Wohlstand zeigen."

Gericht Kelheim:

„Ihre Kleidung äußert wenig Wohlstand. Das Kleid ist oft nur von Zwilch oder schlechtem blauen oder braunen Tuch. Die Mädchen lieben auch im Anzug die blaue Farbe, selbst die seidnen Bänder sind von dieser Farbe. Den Kopf bedeckt ein weißes Tuch mit schlechten Spitzen und den Leib gemeine Weberzeuge ohne Geschmack."

Gericht Schrobenhausen:

„Die Männer tragen schwarzzwilchene Röcke, einen schwarzen Flor um den Hals, grüne Hosenträger, rote Westen, schwarze Hosen, blaue Strümpfe und einen dreieckigen Hut, wovon die vordere Stülpe vor das Gesicht hängt. Die Weibsleute erscheinen ganz blau gekleidet, wie im Gericht Dachau. Die Haube ist blau oder schwarz mit schwarzen Vorspitzen, der Ganges um den Leib halb von gefärbtem Zeug, halb von weißer Leinwand."

Gericht Abensberg:

„Die Kleidung ist meistens blau und zwar größtenteils haben die Männer blaue tuchene Röcke, runde Hüte, schwarz lederne Hosen, blaue Strümpfe und Bänderschuhe; die Weibsleute tragen auch blaue weißgedupfte Zeuge, blaue Vortücher am Kopf und Spitzen. Männer und Weiber sind groß und nicht häßlich."

Gericht Mainburg-Rottenegg:

„Besonders im Tale sind die Menschen größer, gesünder und schönern Ansehens und haben meistens braune Haare. Ihre Kleidung von brauner Farbe, mit weissen Knöpfen, gleicht der der Brauer in Märkten. Auch das Weibervolk zeigt mehr regelmäßigen Körperbau und Frohsinn, und äussern durch ihre perstnen Ganges, weissen Tücher am Kopf mit Spitzen (Haupttücher) und durch die langen Röcke mehr Wohlstand und Geschmack."

DAS BILD DER TRACHT AM BEGINN DES 18. JAHRHUNDERTS

Die von Hazzi beschriebene Kleidung war sicher das „bessere Gwand" der Hallertauer, zur Arbeit wurde eine andere Kleidung getragen. Im Kernland der Hallertau war die Tracht eher einfach und ärmlich. Der Mann trug vornehmlich einen schwarzen zwilchenen Rock (Mantel), zum Material der Knöpfe ist noch nichts ausgesagt. Die Hose war meist aus dem selben Material und nach unten hin enger geschnitten, eben so, dass die blauen Strümpfe über die Hose getragen werden konnten. Der Zwilch (gelegentlich auch Zwilich) war ein dicker, kräftiger, "zweidrähtiger" Stoff, und zwar sowohl aus Wolle als auch aus Leinen.[6] Die Weste war überwiegend in roter Farbe gehalten und die Schuhe waren zum Binden. Am Rand der Hallertau, zum Amper- und Donautal hin, war das Material des Rockes feiner und die Hose war schon aus Leder. Die lederne Hose war keine Bündchenhose wie sie Bestandteil der alpenländischen Tracht ist, sodern am Bein auch so eng, dass sie in die Strüpfe einmünden konnte. Von den später so typischen Stiefeln ist noch keine Rede.

Bei der Kleidung der Frauen ist vielfach von „leinenem Zeug" die Rede. Das war eben ein Stoff, dem der heimische Rohstoff (der Flachs) und das daraus gewonnene Leinen zugrunde lag.[7] Dieser Stoff war vorwiegend blau gefärbt. Auch den Frauen in den Flusstälern stand wieder eine bessere Qualität zu Verfügung, im Vohburger Gericht zum Beispiel „wollene Zeuge", womit vermutlich Schafwolle gemeint ist. Verständlich, dass auch die Otterfellmütze als Kopfbedeckung hauptsächlich in den Tälern der Flüsse und Bäche vorgekommen ist. Der „Ganges", der nahezu überall zur Frauenkleidung gehörte, war eine Jacke mit Ärmeln, die den Rumpf bedeckte.[8] Sofern der Mann anstatt des Rockes eine Jacke trug, war auch hier vom „Ganges" die Rede.

Die Trachtengruppe aus Wolfersdorf, Lkr. Freising, beim Oktoberfesttrachten- und Schützenzug.

Beide Bilder entnommen dem Werk von Otto Bauer: „Rudolf Scheibenbogen, Historische Kleidung in Niederbayern."

DIE KLEIDUNG AUF DEM FAHNDUNGSZETTEL

Im Jahr 1811 war der aus Au i.d. Hallertau stammende Tagelöhnerssohn Kaspar Bierschneider Pferdeknecht bei der Schlossherrschaft in Haag a.d. Amper.[9] Am 29. September entfernte er sich ohne Entschuldigung aus dem Dienst und wurde, nachdem er sich nicht mehr zurückmeldete, durch die Polizei gesucht. Dem Ansuchen der Dienstherrschaft war eine genaue Personenbeschreibung beigegeben, in der auch seine Kleidung wie folgt beschrieben war:

1) Auf dem Kopf einen schwarzen runden Hut mit einer Sammet-Bortl und zinnernen Schnallen,
2) um den Hals ein schwarz-seidenes Tuch,
3) am Leib ein lichtgrau tuchener Soldatenmantel, einen dunkelgrau tuchenen Rock mit weißen Knöpfen, grünen Manschetten, Brust-fleck mit weißen gientler (?) Knöpfen, schwarz-lederne Bäntlhose,
4) blaue Strümpfe und Schnallenschuhe.

Der Bursche wurde schließlich wieder gefasst und, weil er schon 48 Stunden im Arrest gesessen hatte, nur dazu verurteilt, die Kosten für die aushilfsweise Anstellung eines Taglöhners mit 11 fl 36 kr in bar zu ersetzen. Weit mehr als die Verurteilung interessiert hier die Kleidung. Der dunkelgraue Rock mit den weissen, vermutlich silbernen Knöpfen und der Brustfleck mit ebenfalls weissen Knöpfen, die schwarz-lederne Bändlhose sowie die blauen Strümpfe und die Schnallenschuhe entsprechen den Beschreibungen Hazzi's und lassen im übrigen darauf schließen, dass diese Kleidung in der Heimat des Knechts (Au i.d. Hallertau) schon getragen wurde. Da sie noch dazu schon Bestandteil der Kleidung eines Pferdeknechtes war, kann davon ausgegangen werden, dass diese Tracht in der dortigen Gegen schon Standard war.

Die Kleidung im Austrag

Eine gute Quelle für die Trachtenforschung sind auch Übergabeverträge und Inventarverzeichnisse. Der Riedlbauer Nikolaus Kraft aus Wölfing, Gemeinde Wolfersdorf, hinterliess bei seinem Tod am 20. Oktober 1833 an Kleidung:[10]

„Zwei Hüte, eine Pudelhaube, einen seidenen Hosenträger, einen Janker, eine lederne Hose, eine mit Hosenträger, einen blautuchernen Rock mit silbernen Knöpfen, einen rottucheren Brustfrak mit Gürtlerknöpfen, noch zwei solche, zwölf Hemden."

Die Gürtlerknöpfe waren Knöpfe, bei denen ein Metallkern mit Stoff überzogen war. Unter Brustfrack ist ein Ersatz für die Weste zu verstehen, der aus einem bunten Stück Stoff bestand, das unter der offenen Joppe oder dem offenen Rock auf der Brust getragen und über dem Rücken meist mit Bändern zusammengehalten wurde (auf diese Weise konnte Stoff gespart werden).

Der Wirt Joseph Brücklmair, Abens, hinterliess bei seinem Tod 1845:[11]

„Blautucherner Überrock, 1 schwarzbrauner mit 20 silbernen Knöpfen, 1 brauner mit solchen Knöpfen, 1 blauer Mantel mit 24 silbernen Knöpfen, eine graue Hose, 1 schwarzer Janker mit 16 silbernen Knöpfen, 5 Gillets von Seide, einer mit 14 silbernen Knöpfen à 2 Gulden 48 Kreuzer, 4 Gillets mit 14 silbernen Knöpfen."

Nach dem Tod der Wirtsleute von Zolling, Michael und Maria Gschlößl, haben sich die sechs hinterlassenen Kinder 1849 dahingehend verglichen, dass jede der fünf Schwestern Anspruch auf ein „silbernes Geschnür und eine Halskette im Wert von 30 fl, des weiteren auf zwei Stück mittelfeine Leinwand von zusammen 36 Ellen" haben soll.[12]

Mediziner beschreiben die Kleidung

In den im Kapitel „Die Hallertauer Landsleut" schon erwähnten Physikatsberichten wurde von den Amtsärzten auch die Kleidung der Leute in den jeweiligen Gerichten beschrieben. Für das Landgericht Moosburg hat Felix Friedrich Lipowsky 1862 nicht nur die aktuelle, sondern auch die schon vorher übliche Tracht wie folgt beschrieben und den sich abzeichnenden Wandel angedeutet:

„Volkstracht

Ohne Zweifel hatte die Landschaft ihre eigenthümliche Volkstracht. Noch in heutigen Tagen begegnen Einem Sonntags Exemplare der vor 40 Jahren allgemein im Bezirke getragenen Bauerntracht. Sie bestand in kurzer bocklederner Hose, gebunden unterm Knie, über Brust und Rücken eine rothtuchene Weste, auf welcher grüne breite Hosenträger abstanden; langem Rocke, blauen Strümpfen und Schnallenschuhen.

Die Bäuerin trug damals einen blauen, weiß getupften Schalk (Spenser),

Die Zipfelmütze trug der Bauer bei jeder Gelegenheit, teilweise auch unter dem Hut.

ein schwarzes mit Goldborten eingefaßtes Mieder, eine Haube, deren steife, schwarzen Spitzen das Gesicht in einem Halbkreise einfaßten (wie dies noch in der Gegend von Dachau Sitte ist), von welcher breite hellblauseidene Bänder über den Nacken hinabfielen.

Man nannte diese volksthümliche Kleidung die Hochzeits- oder Kirchenkleidung, welche die Leute bei der Verehelichung vom Gute aus in Natur bekamen und an Sonn- und Festtagen ihr Leben lang trugen. Diese Sitte kommt jetzt durch Auszahlung des Werthanschlages immer mehr in Abnahme und man läßt dem Berechtigten die eigene Wahl der Kleider nach der Mode. Die Kostspieligkeit der früheren Kleidungsstücke einerseits und die Verbreitung wohlfeiler in den Städten verlegener Stoffe auf das Land, wo sie als Modeware angepriesen werden, anderer-

*seits sind wohl die Hauptursachen, daß sich eine eigenthümliche
Bauerntracht im Bezirke nicht mehr halten läßt.*
*Aber wenn auch die Kleidung des Landvolkes dem Wechsel unter-
worfen ist, so trägt sie nichts destoweniger bäuerliches Gepräge
auch heute noch an sich. Die lederne Hose, die Kanonenstiefel und
die unvermeidliche Zipfelhaube - das Charakteristikum des deutschen Michel - sind unserem Bauern in das Herz von Kindesbeinen
an gewachsen; und daß er in der Tracht bäuerlichen Conserva-
tismus hat, das zeigt er an Sonn- und Festtagen, wenn er im langen
Rocke, die Elle zu 9 bis 11 fl, Hose, Rock und Weste mit Silber be-
schlagen mit (Reihen von silbernen Muttergottes-Vierundzwanzi-
gern besetzt) neben seiner Bäuerin im seidenen schillernden Rocke,
goldgestickten Mieder und mit der 8 Zoll hohen Pelzhaube angelegt
- zur Kirche geht!"*

Kirchenkleidung

Auf eine ordnungsgemässe Kirchenkleidung wurde Wert gelegt und
auch der Umstand, dass diese im Rahmen des bäuerlichen Austrages
häufig in Geld zu geben war, ist vielfach belegt. So wurde beim Wim-
mer in Willertshausen im Muttergutsvertrag vom 16. April 1822 festgelegt, dass jede Tochter bei der einstigen Verheiratung „eine standesge-
mässe Kirchenkleidung im Anschlag von 75 fl" zu erhalten hat.[13] Von
der Kirchenkleidung oder Kirchentracht zu unterscheiden ist die Kirch-
tracht. Sie stellt ein Entgelt dar, das der Bauer an Pfarrer und Mesner
für deren Dienstleistungen zu leisten hatte (was man zur Kirche trägt).
In der Beschreibung Lipowsky's werden auch erstmals die Kanonenstiefel genannt, jene Fußbekleidung, die heute unabdingbar zur Hallertauer
Tracht gehört und deren Herstellung heute noch ein Meisterwerk hand-
werklichen Könnens ist.

Dr. Karl Lautenbacher geht in seinem Bericht für das Landgericht
Mainburg neben der 1860 aktuellen Tracht auch auf die Werktagsklei-
dung sowie auf den sich abzeichnenden Wandel ein. Wegen der Bedeutung und Aussagekraft erscheint es auch hier angebracht, diesen Bericht
nahezu vollständig zu bringen:

*„Kleidungsweise nach Verschiedenheit
von Geschlecht, Stand, Alter und Jahreszeit,
Stoff und Mode in Kleidung*

*Im Allgemeinen ist, wie überall auf dem Lande, die Kleidungsweise der
Landbewohner eine stets um geraume Zeit später kommende Nachah-
mung der Moden in den benachbarten Städten mit denen dieselben am
häufigsten verkehren, modifiziert nach den praktischen Bedürfnissen
der Lebensart und insbesonders der Arbeit in Stoff und Schnitt.*
*Die Volkstracht der Bewohner ist keine besonders auffällige oder schö-
ne; ist es auch nie gewesen. ... Äußerst selten sieht man noch ein altes
Bäuerlein im langschößigen, mit weißer Leinwand gefütterten schwarzen oder grünen Tuchrocke, mit sehr kurzer Taille, aufstehenden, oft
mit grünem Samt eingefaßten Kragen und einer Unzahl von überspon-
nenen Knöpfen, dazu ein hochrotes Leibl von Wollzeug, ebenfalls mit
vielen jedoch silbernen Knöpfen bis an den Hals geschlossen; die Hose
von schwarzem Leder, lang, an den Knöcheln gebunden, dazu Bund-*

schuhe und ein schwarzer Filzhut und schmaler Krempe.

Was der Bauer trägt

Der wohlhabende Bauer neuerer Zeit, - denn die ärmeren Klassen müssen freilich, gerne oder auch ungerne, die meist ererbte Kleidung noch austragen - trägt einen modernen Rock mit langer Taille und Schößen bis an die Knie, an welchem nur die silbernen Knöpfe den Landbewohner unterscheiden. Die Weste ist von geblümtem Atlas oder buntem Samt, ebenfalls mit Silberknöpfen, die fast durchgängig aus angeöhrten Frauenzwanzigern und Zwölfern bestehen, mitunter auch schon in getriebener moderner Facon. Über die Weste prangt eine silberne Uhrkette, die fast schlotternd sehr weite Hose von Leder geht zwar noch bis an die Knöchel herunter; darüber trägt er aber blankgewichste Stiefel, deren Kappen oder Schäfte bis über die Waden hinaufreichen und hier nicht selten durch Druck Hemmungen der freien Blut-Cirkulation und variköse Anschwellungen verursachen; nur an Werktagen und bei der Arbeit auf dem Felde Bund- oder Haferl-Schuhe, dann einen blauen Schurz (Schaber), der Brust und Unterleib bedeckt; auf dem Kopf die schwarzseidene Zipfelhaube. Der schwarze Filzhut ist bei ärmeren Männern und Burschen mit einer doppelten schwarzseidenen Schnur umwunden und mit 2 dicken schwarzseidenen Troddeln oder Quasten verziert; bei wohlhabenderen sind diese schwer von echtem Goldfaden gedreht. Ledige Burschen und jüngere verheiratete Männer tragen druchweg auch an Festtagen Janker von feinem Tuche; nur ältere einen Mantel mit rundem Faltenkragen von dunkelblauem oder schwarzem Tuch mit silberner Schnalle. Genau in der eben bezeichneten Tracht der jüngeren männlichen Welt erscheinen auch schon die kleinsten Knaben, was gar drollig aussieht.

Hallertauer Bauerntöchter um 1860, erschienen in der Zeitschrift „Deutsche Gaue" und dort auch beschrieben.
Linke Person: Kopftuch etwas zurück, Halstüchlein; Mieder mit Hacken, „abgebundene Joppe" mit engen Ärmeln, Manschetten, weisses Tuch gegen die Sonne statt eines Sonnenschirmes.
Rechte Person: Kopftuch, Halstuch; keine Joppe sondern in „Hemdärmeln". Halskette. Mieder mit Hacken und Schnüren; in der Hand die Rosen als Zeichen der Jugendfrische.

Das trägt die Bäuerin

Die Bäuerin von ehemals trug einen rothwollenen, nicht besonders weiten gefälteten Rock, darüber eine Schürze von Catton (Baumwollgewebe); an Festtagen war selbe von Seide, zur Arbeit von blaugefärbter Leinwand. Also ordinär gekleidet ist sie selbst wie ihr weibliches Dienstpersonal auch jetzt noch im Hause und bei der Arbeit, bei welch letzterer die Stallnymphen bloßfüßig oder mit klappernden Holzschuhen einherschweben. Das Corsettl, eine Art Spenser mit engen Ellbogenärmeln mit kurzer Taille, vieleckigem Ausschnitt, welcher reichlich mit Zierrathen und Geflechten vom gleichen Zeuge bedeckt ist, ist je nach der Wohlhabenheit von schwarzem oder farbigem Cattun oder auch von Seidenzeug, jedoch nur zum Tragen beim Ausgehen bestimmt, denn unter demselben befindet sich eine Art Unterleibel mit Ärmel und Mieder, welches vorne übereinander gehäckelt wird. An Halstüchern ist kein Mangel; da ist das Einstecktüchl, welches zwischen dem Leibl und Corsett getragen, und das sogen. Hintribind-Tüchl. Dieses Tuch ist groß und nach den finanziellen Kräften der Besitzerin schwer von Seide, an den 4 Ecken oft mit Goldspitzen eingefaßt und mit Gold-Zierrathen verbrämt. Es wird dreieckig zusammengelegt, von hinten nach vorn um den Hals und dann wieder nach rückwärts einmal geschlungen, wobei die verzierte Ecke in der Mitte und die beiden anderen Zipfel rechts und links den Nacken bedecken müssen.
Den Kopf bedeckte sonst Sommerszeit eine sogen. Bänderhaube, ein kleiner seidener Gupf.
Winterszeit trug die Bäuerin früher eine Pelzhaube von schwarzem Kanin mit goldgesticktem Boden, und diese Pelzhaube ist jetzt zu allen Jahreszeiten, also auch im heißesten Sommer angenommenes Festtagtragen für Jung und Alt, während als gewöhnliche Tracht das nicht we-

niger als kleidsame Kopftuch gebräuchlich ist, welches immer schwarz, meist von Baumwolle oder Halbwollenstoff, oder auch Taffent (Seide) ist.

Pers (Baumwollgewebe) ist für die Feiertage selten gut genug, man kauft die schönsten Wollstoffe von bunten Farben, eben solche Schürzen von abstehender schriller Farbe, mit seidenen Streifen. Das Corsettl, dessen Ärmel jetzt oben weit mit Baumwolle oder Werg ausgestopft und erst am Handgelenke enge und zugeknöpft oder eingehackelt sind, ist von geblümtem Seidenstoffe, ebenfalls meist buntfarbig; oft auch sind Schurz und Corsettl vom selben Stoffe.

Die beiden eben erwähnten Halstücher dürfen nicht fehlen, daher das silberne Halskettl, das man am Halse nicht sehen würde, außen in mehreren Gängen auf dem Halstuche herumgelegt wird. Die stattliche Pelzhaube vollendet den Putz.

Gehobene Kleidung

Die Elite der Landbewohnerinnen, Wirthinnen und Müllerinnen, sowie hie und da die junge Erbin eines reichen Bauernhofes, die im Geheimen die Hoffnung nährt, in jene zu heirathen, tragen die sogen. bürgerliche Tracht, d.h. jene Kleidung, die früher ausschließlich dem Bürgerstande in Märkten u. Städten angehörte, wo sie in neuester Zeit aber viel von der französischen verdrängt wurde.

Diese auch in den Märkten Mainburg und Au übliche Tracht besteht aus Rock und Unterspenser von gleichem Stoffe, von Pers, Wolle oder Seide, einem abstechenden Schurze, der mit seidenen Bändern gebunden ist, einem Mieder von schwerem schwarzem Seidenzeuge mit schwarzer oder goldener Stickerei, silbernem Miederhacken, einem schweren silbernen Geschnür oft 10-12 Ellen lang, mit silbernen und vergoldeten Thalern und kleinen Ziernathen behängt, einem schwerseidenen Einstecktuche, ausgeschlagener Spitze oder Chemisette um den Hals, einer vielgängigen silbernen Halskette, mit einem hübsch gearbeiteten Schlosse, und endlich einer schwarzen Riegelhaube (Stiefelzieher genannt) von Silber oder Gold, deren es von 7 fl an bis zu 30 fl und noch mehr gibt. Das alles trugen vormals nur wohlhabende Bürgersleute und diejenige Klasse derselben von Schrott und Korn trägt sie noch; allein schon mit vielen Schattierungen der Neuzeit. Die ursprüngliche bürgerliche Kleidung erscheint nur mehr bei einzelnen festlichen Gelegenheiten, als In-

nungsjahrtagen, Hochzeiten u.s.w., wohin die Bürgerinnen eingeladen werden; im gewöhnlichen Leben bleibt von allem fast nichts mehr übrig als die Riegelhaube. Die Kleider sind alle modern gemacht, Schmiesetten, Unterärmel, Glace-Handschuhe, Mantillen und longswalks, kurz alle derlei Luxussachen, die der Handel so bereitwillig und fast aufdringlich aufs Land herauspedirt, sind vom Bürgerstande bereits adoptirt; sogar Mäntel Pelzwerke und Hüte werden von der jüngeren Generation mit Eifer nachgeäfft und zwar um so reichlicher und properer angeschafft, als derlei Leuten in finanzieller Hinsicht meist mehr Mittel zum Luxus zu Gebote stehen, als den übrigen von den jetzigen Theuerungsverhältnissen so schwer gedrückten Ständen. In wenig Jahrzehnten wird wenigstens im Bürgerstande jede Spur seiner ehemaligen Tracht verschwunden sein.

Bei kirchlichen Feierlichkeiten z.B. Fronleichnams-Prozessionen erscheinen die bäuerlichen Jungfrauen als Prangerinnen, mitunter wie Fliegen in der Milch, mit langen weißen Kleidern und rothen oder blauen Schürzen, dann Bändern, den bloßen Kopf mit einem Blumenkranze geschmückt.

Bei Hochzeiten trägt die Braut als Ehrenzier nur ein Kranl auf dem Kopf d.i. eine Wulst mit Silberfolie und Drahtblumen überzogen um das Haarnest geschlungen, samt einem Rosmarinzweig, eine Ärmere oft nur diesen letzteren allein. Dass allzurascher Modewechsel in dichteren und dann wärmeren oder dünneren und kälteren Stoffen, das plötzliche Ablegen lange gewohnter Kleidungsstücke, wie der Kopftücher u.s.w. oft nachtheiligen Einfluß auf die Gesundheit äußert, ist nicht zu verkennen."

Im Gegensatz zu Dr. Lautenbacher widmet Dr. Johann Bapt. Häuslmayr in seinem Physikatsbericht für das Landgericht Pfaffenhofen der Kleidung nur einige wenige Sätze. Er schreibt:

„Das Landvolk trägt immer noch seine frühere Kleidung, lederne Hosen und Stiefel; im Sommer gefärbte Hosen von Linnen und Holzschuhe, zum Arbeiten Spenser von Pers oder aus Wolle gestrickt. An Sonn- und Feiertagen rothe Westen, Tuchspenser oder Röcke mit Silberknöpfen, wie auch in der Weste, oder auch Mäntel von dunkelblauem Tuche mit langem Kragen. An der Klei-

Die Festtagskleidung in der Hallertau zu Beginn des 20. Jahrhunderts, getragen von Maria und Josef Bergmaier, Selmerseheleute (links) sowie Barbara und Lorenz Wittmann, Wirt und Bürgermeister (rechts) aus Tegernbach, Lkr. Freising. Beide Fotos stammen von M. Obergasser, „Königl. Bayer. Hoflieferant", München, den man gelegentlich eines Oktoberfestbesuches zum fotografieren aufsuchte. Die Reise nach München erfolgte per Fußmarsch nach Freising und dann weiter mit dem Zug.

dung läßt sich der Arme vom Wohlhabenderen nicht wohl unterscheiden. Die Taglöhner und Oekonomie-Dienstboten in den Märkten tragen dieselben Kleidungsstücke wie die am Lande. In der Stadt und in den Märkten herrscht namentlich unter den jüngeren Bürgern und Frauen großer Luxus und man kann bei ihnen die nobelsten Stoffe und Moden sehen, wie in den größeren Städten. Die älteren Bürger und Frauen bleiben bei ihrer früheren Kleidermode stehen, wie die sogenannte bürgerliche Tracht früher war."

DAS BILD DER TRACHT UM 1860

Die Landgerichtsärzte sind in ihren Berichten zum Teil weit über die rein medizinischen Fragen hinausgegangen. Dank ihrer Aufzeichnungen liegen ziemlich genaue Aussagen zur Kleidung der Leute in der Hallertau vor. Warum aber keiner der Künstler, die sich mit der Darstellung der Tracht in Gemälden und Zeichnungen nach 1800 befasst haben, die Hallertauer Tracht dargestellt hat, ist nicht bekannt. Weder in Felix Joseph Lipowsky´s Darstellung „Bayerische-National-Costueme", noch bei Ludwig Neureuther und auch nicht bei Lorenz Quaglio finden sich Abbildungen von Hallertauer Personen in ihrer Tracht. Erst der Verbreitung der Fotografie am Ausgang des 19. Jahrhunderts sind bildliche Nachweise der Kleidung des Hallertauers zu verdanken. Wer kennt sie nicht die Fotos, auf kräftigen Karton aufgezogen, mit den Bäuerinnen und Bauern in stolzer Haltung.

Nach den Aussagen der Landgerichtsärzte und der Bilder gehörten in der zweiten Hälfte des 19. Jahrhunderts folgende Kleidungsstücke zur

Tracht der Mannsbilder in der Hallertau

Auf dem Kopf trug er einen schwarzen Filzhut mit Schnur, von der gelegentlich eine Quaste über die breite Krempe baumelte. Die schwarze Zipfelmütze wurde sowohl allein als auch unter dem Hut getragen und bei Bedarf über die Ohren herabgezogen. Das Leinenhemd hatte nur einen Stehkragen oder bestenfalls einen knappen Umlegekragen. Die Frage des Kragens war auch nicht sehr bedeutend, weil einerseits die Weste hoch geschlossen und andererseits immer ein kleiner Schal, ein Schlips,

So kleidet sich der Bürger in Pfaffenhofen wenn er in Tracht ausgeht.

Der Haken-schlitz, ein wichtiges Detail der Hallertauer Tracht wie sie in Mainburg getragen wird.

um den Hals geknotet war. Die unentbehrliche Weste war aus Tuch, Samt aber auch aus Seide und vielfach von roter Farbe. Sie ging reichlich übereinander und war doppelreihig mit Silberknöpfen besetzt, am Leib etwa sieben Paare, davon etwas abgesetzt am Halsausschnitt ein weiteres Paar. Bei einem Knopfloch war die Uhrkette eingehängt, die so reichlich war, dass die am anderen Ende hängende Taschenuhr in der Westentasche untergebracht werden konnte. Die Hose war aus Leder. Anstatt des heutigen Hosentürls war sie mit einem Schlag (Klapptürl) verschlossen. Um den Leib war sie reichlich weit geschnitten. Nach unten hin verjüngte sie sich auf den Umfang der Beine, wobei es wegen des Hineinschlüpfens notwendig war, die Seitennaht ca. 15 Zentimeter offen zu lassen und diese nachträglich mit einem Band zuzubinden. Die Socken wurden über der Hose im Stiefel getragen. Gehalten wurde die Hose von Hosenträgern, die in der Regel unter der Weste verschwanden. Konnte sich der Bauer auch noch kunstvoll gefertigte Hosenträger leisten, trug er sie sichtbar. In diesem Fall wurde die Weste durch den Brustfleck ersetzt. Der Brustfleck war ein rotes Stück Stoff, das ähnlich dem Aussehen der Weste geschnitten war und nur ein leichtes Rückenteil hatte oder gar nur mit Bändern am Rücken zusammengehalten wurde.

Zur Feiertagskleidung gehörte dann der Rock, im heutigen Sprachgebrauch, der Mantel. Er war vorwiegend aus schwarzem, gelegentlich auch braunem oder grünem Tuch gefertigt und in der Regel eng geschnitten, so dass er vorwiegend offen getragen wurde. Er war doppelreihig mit 6 bis 8 Silberknopfpaaren bestückt (nachgewiesen sind bis zu 24 Knöpfe). Der Kragen war von gleichem Tuche, gelegentlich auch mit einer Samtborte eingefasst. Vom Schnitt her war die Taille sehr kurz, d.h. hoch angesetzt. Der Rücken ließ eine starke Taillierung erkennen.

Der Schoß war ab der Taille geschlitzt, wobei der Beginn des Hakenschlitzes meist auch noch mit Silberknöpfen markiert war. Im Schlitz war nicht selten auch noch eine Eingriffstasche versteckt. Auch ein nach heutigem Sprachgebrauch Sakko genanntes Kleidungsstück wurde getragen, der Janker oder Ganges. Er war kürzer als das Sakko geschnitten aber in der Regel auch mit zwei Reihen Silberknöpfen besetzt.

Für die Frau: Otterfellmütze und Riegelhaube

Der Trachtenverein Herrenau verfügt noch über viele Kleidungsstücke aus der zweiten Hälfte des 19. Jahrhunderts, die sich im Original erhalten haben. Sie dienten dem Verein weitgehend als Vorlage für die Fertigung neuer Kleider. Dass sich diese Kleider so lange erhalten haben und sie bis heute nicht aufgetragen wurden, liegt insbesondere an der Grösse, d.h., die Bäuerinnen von einst müssen von der Figur her kleiner und schmächtiger als die Frauen heutiger Zeit gewesen sein. Anhand dieser Vorbilder lässt sich, in der Reihenfoge des Ankleidens darstellen, was zum Bestand an Gwand der Hallertauer Frau gehörte.

Wie das gesamte Gwand, war auch die Unterwäsche von der Näherin gefertigt. Die Pumphose zierten überm Knie Spitzen und das Trägerhemd wies zur Verzierung nicht selten einen besonderen Saum auf, nach Feierabend beim Hoagart von der Trägerin selbst genäht. Beide Wäschestücke waren aus Leinen gefertigt. Vom Unterrock gab es zwei Varianten: einmal den halben, nur bis zur Taille reichenden, und zum andern den mit dem angeschnittenen Leibl. In beiden Fällen war der Unterrock reichlich weit geschnitten, teilweise mit Watte und einem anderen Stoff unterlegt und abgesteppt. Rüschen und Bordüren verzierten den Rock. In dieser Form wärmte er einerseits und zum anderen bildete er für das darüber zu tragende Kleid ein richtiges „Gerüst". Als Material dienten wiederum Wolle, Leinen, Baumwolle, selten auch Seide. Für die Oberbekleidung gab es zwei Varianten: **1.** Die Kombination aus Rock und Spenser. Beides bestand zumeist aus dem selben Material. Der Rock war weit geschnitten und reichlich gereiht. Durch den gepolsterten Unterrock verlieh er der Frau weit ausladende Hüften. Der Spenser war am Oberkörper eng anliegend, hatte aber Ärmel, die am Armloch reichlich gereiht im übrigen aber eng anliegend waren. **2.** Das Trachtenkleid (Rock und Spenser in einem Stück). Die Machart entsprach den Darstellungen bei Rock und Spenser, das Material waren gemusterte Seide oder ein bedruckter leichter Wollstoff. Quasi krönender Abschluß der Oberbekleidung war das Mieder. In rot oder schwarz gehalten und eng auf den Oberkörper gearbeitet betonte es schon damals die weibliche Figur. Um das zu erreichen waren in die Frontpartien des Mieders korsettartig Stäbchen eingearbeitet. Es reichte vorne von der Taille bis in Höhe des Busens und war oben mit einer Goldborte abgeschlossen. Vom Rücken her waren breite Träger angeschnitten, die vorne ziemlich nahe am Arm am ausgesteiften Mieder befestigt waren. Über die Brust bis zur Taille waren beiderseits, sich nach unten verjüngend, fünf oder sechs reichlich verzierte Haken angebracht. Sie waren zur Aufnahme des Geschnürs, silberblitzende feine Kettchen, bestimmt. Mit dem hinum-herum ergab sich der Verschluss des Mieders. War der Ehemann oder Vater der Frau wohlhabend, spendierte er Silbertaler, die am Geschnür getragen wurden. Der Oberstoff des Mieders waren Samt oder Seide. Um den Hals legte die Frau dann das Schultertuch, das vorne in das Mieder gesteckt wurde. Unmittelbar am Hals trug sie eine Hals- oder Kropfkette. Diese bestand aus einer Schließe, von der aus bis zu 14 Kettchen (Gänge) um den Hals führten. Dass diese vom Goldschmied gefertigte kostbare Kette nur bei besonderen Anlässen getragen wurde, ist wohl selbstverständlich. Zur Kleidung gehörte auf alle Fälle eine Schürze (Fürta) aus buntgemusteter Seide, nicht selten auch noch durch Rüschen ausgeschmückt. Die Füße bekleideten weiße oder geringelte Wadenstrümpfe, die ledernen zum Teil bis über die Knöchel reichenden schwarzen Schuhe waren geschnürt. Den Kopf bedeckten die hohen bienenkorbförmigen Fellmützen (Otter, aber auch Kaninchen), die Riegelhaube aber auch das Kopftuch (Hintrebindtüchl). Es gehörte zur Ordnung, dass bei der Fellmütze und beim Kopftuch der Haaransatz über der Stirn nicht sichtbar

war. Ergänzt wurde diese Kleidung durch eine kleine Jacke, die darüber getragen werden konnte, den Spenser, aus dem selben Material wie das Kleid aber auch aus einem farblich anderen Stoff gearbeitet. Die Otterfellmütze mag in Gegenden abseits von Flüssen und Bächen etwas befremden. Dass sie dennoch auch hier verbreitet war, hängt primär vom Vertriebsweg der Haubenmacherinnen ab.

Kleine Unterschiede

Diese Kleidung tragen die Mitglieder des Hallertauer Volkstrachtenvereins Mainburg.

Diese Grundausstattung an Kleidung war über die gesamte Hallertau verbreitet. Je nach Herkunft und Stand der Personen aber auch je nach Können und Auslegung des Schneiders und der Schneiderin, fiel die Tracht dennoch Ortschaftsweise mit geringen Unterschieden anders aus. Dies tut der Bezeichnung „Hallertauer Tracht" beileibe keinen Abbruch. Im Gegenteil, Rivalität der einzelnen Orte durfte sein. Mit Hans Karlinger, einem hervorragenden Kenner des Trachtenwesens, darf man feststellen, dass die grösste Buntheit (Verschiedenartigkeit) die Blüte und die Uniformierung das Ende der Tracht bedeuten würde.

VON DER TRACHT ZUR MODE

Dr. Lautenbacher prophezeite schon um 1860 das Verschwinden der Tracht und auch Dr. Häuslmayr stellte bei den „Bürgern und Frauen" in den Märkten schon Luxus und nobelste Stoffe und Moden wie in den Städten fest. Die Bauernbefreiung des Jahres 1848 zeigte auch Folgen bei der Kleidung. Die Bevölkerung auf dem Lande hatte mehr Geld zur Verfügung und eiferte, auch was die Kleidung betraf, den Leuten in den Städten nach. Freilich, der

Die Mitglieder der „Trachtengruppe Heimatmuseum Geisenfeld" nehmen in Hallertauer Tracht an der Fronleichnamsprozession durch den Markt teil.

WIEDERBELEBUNG

Zu Beginn des 20. Jahrhunderts kleideten sich die Leute in der Hallertau weitgehend nach der Mode. Zur Standardausstattung des Mannes gehörten der Anzug und der Mantel. Im Kleiderschrank der Frau hielten das modern geschnittene Kleid, Rock und Pullover, das Kostüm, der Mantel und ein schicker Hut Einzug. Nachdem der Mann spätestens 1914 seine zivile Kleidung mit dem Waffenrock vertauschen musste und man feststellte, dass die neue Zeit doch nicht so gut war, trauerte man bald der „guten alten Zeit" nach und besann sich wieder auf die Tracht, die Kleidung früherer Tage. In Herrenau, Gemeinde Volkenschwand, gründete man 1921 den „Gebirgstrachten-Erhaltungsverein Herrenau" und 1922 wurde auch in Mainburg ein Trachtenverein gegründet, der sich aber zunächst auch der Pflege alpenländischer

Hallertauer blieb dem Grunde nach dennoch ein sparsamer und traditionsbewusster Mensch und trug vielfach die gute, ererbte Kleidung seiner Vorfahren bis zur Wende zum 20. Jahrhundert und darüber hinaus auf. Dennoch war der Übergang vom bäuerlichen zum städtischen Kleidungsverhalten unaufhaltsam.

Dass sich die Tracht im Alpenraum aber auch in der Hallertau solange hielt, ist sicher auch Bayerns König Maximilian II. zu verdanken. In seinem Bestreben nicht im von den Preussen angestrebten Einheitsstaat unterzugehen[14], versuchte er Bayerns Identität im Innern durch ein ausgeprägtes Bewusstsein vom Wert des Eigenen und der bayerischen Eigenart bei der Bevölkerung zu stärken. Dabei schien ihm die Tracht nicht unwichtig.[15] Die Tatsache, dass sich der Fürst gerne in Lederhose und Trachtenjoppe zeigte, verfehlte offenbar seine Wirkung nicht. Freilich ließ sich der „Zug der Zeit" damit nicht gänzlich stoppen. Die Trachten verschwanden im Norden von München mehr und mehr. Wer sich neu einkleidete, legte sich modische Kleidung zu.

Tracht widmete. Warum man sich gerade der Erhaltung von Gebirgstrachten verschrieb mag vielleicht daran liegen, dass diese Kleidung gefälliger und fröhlicher war und man mit ihr auch Schuhplattler und Jodler verband. Vielleicht mag es auch daran gelegen haben, dass sich, wie oben dargestellt, die männlichen Mitglieder des Königshauses oft in Lederhose und Trachtenjoppe zeigten. Da noch dazu den Vereinen, die auch Theater spielten, haufenweise Stücke mit Alm-, Berg- und vorallem Wildererszenen angeboten wurden, lag es nahe, sich die dazu passende Kleidung zuzulegen.

Weitere Trachtenvereine wurden gegründet (z.B. Siegenburg 1947). Die Siegenburger nennen in ihrer Festschrift zur Feier des 50. Gründungsjubiläums auch ein Motiv für die Vereinsgründung, nämlich „um das gesellschaftliche Leben in unserem Markt wieder ins Leben zu rufen". Was vielfach dahinter steckt, lässt sich am Beispiel von Geisenfeld demonstrieren. Zuerst entstand ein Heimatmuseum, also der Gedanke, Vergangenes zu bewahren und der Nachwelt zu erhalten.

Quasi zur Erweiterung dieser Einrichtung begann man 1985 mit der Anschaffung von Trachtenkleidung.

So muss die Wiederbelebung der Hallertauer Tracht wohl auch gesehen werden. Der gesellschaftliche Zusammenschluß Gleichgesinnter, sich in der Freizeit eine Kleidung nähen, dem Wohnort zu Attraktivität und Ansehen zu verhelfen oder im Wissen um den Wert eines alten Kleidungsstückes der Familie diesem im Museum eine gesicherte Verwahrung zu geben, das sind Beweggründe, der Tracht nachzuspüren und zu seinem Hobby zu stehen.

DIE TRACHT HEUTE

Bleibt die Frage, was ist anzuziehen, wenn man wieder eine Hallertauer Tracht tragen will. Dazu ist zunächst festzustellen, dass es eine per Vorschrift verordnete und genau umrissene Tracht nicht gab und auch nicht geben kann. Die Privatperson, der Verein, der für sich eine Tracht aussuchen will, ist aber gut beraten, wenn er sich an den bekannten und beschriebenen oder durch Bilder belegten Trachten orientiert. Er muss sich schließlich selbst entscheiden, welche Kleidung früherer Tage aus welcher Gegend und aus welcher Epoche er zu „seiner Tracht" machen will. Er trägt dann eben eine Hallertauer Tracht wie sie beispielsweise in Wolnzach um 1860 üblich war. Es mag sein und ist auch legitim, dass ein Verein womöglich in seinen Statuen festlegt, wie bei ihm die Tracht auszusehen hat. Der Nachbarverein kann auf die selbe Weise vorgehen. Geht er aber auf eine andere Zeit und einen anderen Ort zurück, kann und darf die Tracht bei ihm unter dem Namen „Hallertauer Tracht" schon wieder um Nuancen anders aussehen. Das Bunte und die Vielfalt können auch hier zu neuer Blüte und Begeisterung führen.

Diese Abhandlung erhebt nicht den Anspruch auf Vollständigkeit und ist auch keine Wertung. Sie ist der Versuch einer Beschreibung der in der Hallertau nach 1700 getragenen Tracht, womöglich auch eine Orientierungshilfe und ein Beleg für die Person oder den Verein, der sich nach Motiven früherer Tage kleiden will.

Wenn die Mama Josefine Huber aus Hofen, Mgde. Au i.d. Hallertau, mit gutem Beispiel voran geht, tragen auch die Kinder zur rechten Zeit Trachtenkleidung.

Quellenangaben:

1   Baur, Veronika: Kleiderordnungen in Bayern, 1975.
2   Bauern in Bayern, 1992.
3   Wie Nr. 1.
4   Brückl/Widmann: Zolling, eine Gemeinde im Ampertal.
5   Hazzi, Joseph: Statistische Aufschlüsse über das Herzogtum Baiern.
6   Schmeller, Andreas: Bayerisches Wörterbuch.
7   Zehentner, Ludwig: Bairisches Deutsch.
8   Wie Nr. 6.
9   StAM BP Haag Nr. 170.
10 Völkl, Georg in „Volk und Heimat", 1935, Nr. 6.
11 Wie Nr. 10.
12 Brückl, Josef: Zolling aus Vergangenheit und Gegenwart, 1968.
13 Brückl, Josef: Siechendorf und rundherum ist Heimat.
14 Hubensteiner, Benno: Bayerische Geschichte.
15 Hanisch, Dr. Manfred: Für Fürst und Vaterland.

Volkstrachtenverein Siegenburg

DIE BÄUERLICHE KOST IN DER HALLERTAU

„Vor Pest, Hunger und Krieg bewahre uns, o Herr", diese Bitte war häufig Inhalt des Tischgebetes der Bauernfamilie (Aquarell von Lorenz Quaglio, 1820, München, Staatliche Graphische Sammlung, 1907-258).

er kurbayerische Generallandesdirektionsrat Joseph von Hazzi bereiste um 1800 auch die Gerichte Moosburg und Pfaffenhofen und äusserte sich daraufhin in seinem Bericht recht ungünstig über die bäuerliche Kost. Er schreibt lakonisch: „Die Kost ist äusserst schlecht." Während diese Aussage kein konkretes Bild vermittelt, gibt eine im Pfarrarchiv von Reichertshausen noch erhaltene Kostordnung, die vor 1802 verfasst wurde, einen genauen Einblick in die Essensgewohnheiten der bäuerlichen Vorfahren.

DIE KOST IM PFARRHOF VON REICHERTSHAUSEN

Die Kostordnung wurde 1802 unter Pfarrer Alois Riester (1801-1807) modifiziert.[1] Wie im Pfarrhof Reichertshausen dürfte die Kost auch in den Bauernhöfen der Umgebung gewesen sein, denn kein Pfarrer konnte es sich leisten, seine Ehehalten schlecht zu verköstigen. Andererseits durfte er sie aber auch nicht zu gut behandeln; er hätte sich sonst den Zorn der Bauern zugezogen.

Die alltägliche ordinäre Kost
Die ordinäre (gewöhnliche) Kost an den Sonn- und Werktagen war wie folgt geregelt:

Frühstück (gegen 7 Uhr): Alle Tage in der Frühe eine Suppe (Milch-, Brenn- oder Knödelsuppe).
Mittagessen am Sonntag, Erchtag (Dienstag) und Donnerstag (gegen 11 Uhr): Suppe, Knödel und Gemüse.
Mittagessen am Montag, Mittwoch, Freitag und Samstag (gegen 11 Uhr): Dampfnudeln; es werden so viele gemacht, dass sie auch fürs Abendessen reichen.
Abendessen (gegen 19 Uhr): Suppe und eine Mehlspeise.

Speisenfolge an den Festtagen
Das Frühstück ist an den Festtagen wie an den gewöhnlichen Tagen:

es gibt Suppe. In der folgenden Darstellung werden deshalb nur das Mittagessen und die Abendmahlzeiten aufgeführt.

Neujahr:
Mittag: Suppe, Voressen, z.B. Kuttelfleck mit Gemüse und Fleisch, weisses Brot, auch für jede Person 2^1/$_2$ Mass Bier.
Abend: Suppe, Braten, weisses Brot, kein Bier.

Hl. Drei Könige:
Mittag: Suppe, Küchl und Gemüse oder anstatt der Küchl ein Fleisch, kein Bier.
Abend: Suppe.

Lichtmesstag:
Mittag: Eiersuppe oder Hirschbrein (Hirsebrei) oder gedörrte Fasslrüben oder Zwetschgen, Ölschuchsen (länglicher, zungenförmiger, in Öl gebackener, hohl aufgetriebener Kuchen) oder Schmalznudeln, jede Person zwei Nudeln, kein Bier.
Abend: Suppe.

Fasnachtsonntag:
Mittag: Suppe von weissem Brot, Voressen, Fleisch und Gemüse, 2^1/$_2$ Mass Bier.
Abend: Suppe und Braten, kein Bier.
Montag darauf: ordinäre Kost.
Fasnachtserchtag (Faschingsdienstag): wie am Sonntag.
Bleiben die Dienstboten zu Hause, bekommen sie Bier, gehen sie aber zum Tanzen, bekommen sie kein Bier.

Erster Montag in der Fastenzeit:
An diesem Tag gehen die Dienstboten auf den Markt in Nandlstadt und arbeiten nicht.

Josephitag: *ordinäre Kost wie an einem Werktag.*

Palmsonntag:
Mittag: Eiersuppe, Hirschbrein, Schmalznudeln oder Schuchsen, kein Bier.

Ostersonntag:

vor dem Mittagessen etwas geweihtes Salz, Brot, Eier und Fleisch.
Mittag: Suppe, Voressen, Fleisch und Gemüse, $2^1/_2$ Mass Bier, dazu weisses Brot.
Abend: Suppe, Braten, weisses Brot und $2^1/_2$ Mass Bier.

Ostermontag: *ordinäre Kost.*

Ostererchtag (Osterdienstag):

Mittag: Knödel, aus gutem Willen etwas (weniges) Fleisch, kein Bier.

1. Mai oder Philippi Jakobi: *Essen wie am Palmsonntag.*

Christi Auffahrtstag: *Essen wie am Palmsonntag.*

Nun fangen die Schmalznudeln an und dauern bis Michaele, Schmalznudeln gibt es jetzt jeden Samstag zum Abendessen.

Pfingstsonntag:

Essen wie am Palmsonntag, die übrigen zwei Tage (Montag und Dienstag) die ordinäre Kost, doch aus gutem Willen Knödel, etwas Fleisch sowie ein Voressen und $2^1/_2$ Mass Bier.
Abend: ein Fleisch in der Brühe.

Antlas- oder Fronleichnamstag:

Essen wie am Palmsonntag, Schuchsen
oder Schmalznudeln, Eiersuppe, Hirschbrein, kein Bier.

Johannis- oder Sonnwendtag:

Es werden verschiedene Küchl gebacken aus Semmelschnitten, ferner Holler- und Salverküchl (Salbeiküchl). Es gibt Brei und Suppe, kein Bier.

Kirchweihvorabend:

Mittag: die ordinäre Kost.
Abend: ausgezogene weizene Küchl soviel die Ehalten essen mögen, dazu Hirschbrein in Milch gesotten. An die Armen werden so viel kleine Schuchsen ausgeteilt, dass sie einen Laib Brot ausmachen.

Kirchweihsonntag:

In der Frühe: Fleischsuppe, Würste und etwas Fleisch, 2 Mass Bier.
Mittag: eine Suppe von weissem Brot, Voressen, Rindfleisch und Gemüse, Bratl (Schweinebraten), weisses Brot, Bier nach Belieben.
Abend: gesottene Nudeln, Bratl, weisses Brot und Bier.

Kirchweihmontag:

In der Frühe: Suppe von weissem Brot, kein Bier.
Mittag: wie am Kirchweihsonntag, Suppe, Braten, weisses Brot, Bier.
Abend: Suppe, Bratl, Nudeln und Bier.
NB: In der Frühe wird bis zum Gottesdienst gearbeitet.

Michaeli:

Mittag: eine Suppe, Brein (Hirsebrei), Schuchsen oder Schmalznudeln, Gemüse, kein Bier.
Abend: ordinär.

Allerheiligen:

Essen Mittag und Abend wie an Michaeli.
Allerseelen: nur die ordinäre Kost.

Heiliger Abend:

Mittag: ordinäre Kost.
Abend: weizene Krapfen oder Küchl und $2^1/_2$ Mass Bier, weisses Brot, statt der Krapfen können auch Schmalznudeln oder Schuchsen gegeben werden. Nach der Mette gibt es Suppe und Würste.

Weihnachtstag:

Mittag: Suppe mit weissem Brot, Voressen, Fleisch und Gemüse, $2^1/_2$ Mass Bier.
Abend: Suppe, Braten, weisses Brot, $2^1/_2$ Mass Bier.
NB: An den übrigen Tagen wie Johanni und am Tag der unschuldigen Kinder gibt es nur die ordinäre Kost.

Stephanitag:

Essen wie am Weihnachtstag Mittag und Abend, aber kein Bier.

Kost während der Erntezeit

a) Beim Mähen:

Im Gras-, Gersten- und Hafermähen erhalten die Dienstboten in der Frühe ein weizenes Mus, um 9 Uhr weisses Brot und Bier, jede Person eine Halbe. Zu Mittag gibt es Suppe, Fasslrüben, Schuchsen oder Schmalznudeln.

NB: Diese Kost gibt es allein nur für die Mähder. Wenn den ganzen Tag gemäht wird, so bekommen die Mähder um 3 Uhr Bier und weisses Brot, auf die Nacht die ordinäre Mehlspeise. Im Heueinführen gibt es keine bessere Kost.

Im Jahre 1802 wurde der Speisezettel etwas modifiziert. In der Frühe gab es verschiedene Suppen, entweder Milch-, Brenn-, oder Knödelsuppe, um 9 Uhr dürres Obst, saure Milch oder Bier, je nachdem viel oder wenig Leute da sind, schwarzes Brot. Zum Mittag gibt es Suppe, Fasslrüben, Schmalznudeln oder roggene Schuchsen, kein Bier; um 3 Uhr gedörrtes Obst oder saure Milch, schwarzes Brot. Nachts: Suppe, Mehlspeise oder Knödel, wenn Salat vorhanden ist, dann auch Salat. (Am Tag gibt´s also nur einmal Bier.)

NB: Für sieben bis acht Personen habe ich (der Pfarrer) nicht gar 3 Mass Bier auf das Feld entweder vormittags oder nachmittags ge-schikt. Wenn aber den ganzen Tag gemäht wird, so bekommen die Mähder auch nachmittags um 3 Uhr Bier, Brot und abends die ordinäre Mehlspeise oder einen Schmarren.

b) Beim Einführen des Getreides:

Beim Einführen des Getreides war den Knechten gewöhnlich um 9 Uhr und um 3 Uhr Bier und weisses Brot nach Belieben zu geben. Mein Vorgänger hat ihnen nach jeder zweiten Fuhre eine Mass Bier gegeben. Um 1802 hat die Dirn in der Habererente, weil sie die Fuder fasst, eine halbe Mass Bier bekommen, auch wenn sie sät. Es versteht sich, dass das Bier zu Mittag verabreicht wird.

In der Erntezeit erhalten die Dienstboten am Sonntag in der Frühe zwei Schmalznudeln oder vier Küchl sowie die übliche Suppe; nach der Erntezeit gibt es nur noch eine Schmalznudel oder zwei Küchl.

NB: Wenn die Dienstboten zu Lichtmess ausstehen, so bekommt je-

Fensterküchel und Schuchsen waren fester Bestandteil des Speisezettels früherer Tage.

der einen schwarzen Laib Brot; auch die neuen, die einstehen, bekommen einen solchen. An Michaeli hören die Schmalznudeln oder Küchl wieder auf. Die Suppe in der Frühe ist meist um 7 Uhr.

SPEISEPLAN IN HEBRONTSHAUSEN (GEMEINDE RUDELZHAUSEN, UM 1800)

Die Dienstboten bekommen am Sonntag, Erchtag (Dienstag) und Donnerstag zu Mittag Fleisch und Knödel, zum Abendessen „Oferlaibl" (eine Art von Rohrnudeln, die in der Backröhre des Küchenherdes gebacken werden; daher auch der Name). Am Erchtag gibt es mittags zuweilen auch ein Voressen mit Knödeln, nachts „Oferlaibl". Ansonsten ist der Wochenplan für das Mittag- und Abendessen wie folgt:[2]

Montag: Nudeln mit Kraut oder Eintauch; nachts, was zu Mittag übriggeblieben ist und eine Suppe dazu. Wenn aber die Arbeit streng

Brotzeit bei der Hopfenernte im Jahr 2000.

ist, gibt es eine besondere Mehlspeise, z.B. Fingernudeln oder Schmarren. Als strenge Arbeit gilt z.B. der Haferanbau.
Erchtag: Nudeln mit Kraut oder Eintauch (eine Art Brei aus den sogen. bayer. Rüben, manchmal auch ein Kompott von Gletzen); nachts Knödel und Fleisch.
Mittwoch: wie am Montag.
Donnerstag: Nudeln; nachts Fleisch.
Freitag: Nudeln; nachts, was man machen will; eine Mehlspeis, Fingernudeln oder Schmarren oder was zu Mittag übriggeblieben ist.
Samstag: Mittags Erbsenknödel und was man machen will, z.B. Mus, Suppe und „Oferlaibl"; nachts Nudeln.
Sonntag: Knödel und Fleisch, nachts Suppe.

Am letzten Tag, wenn man mit dem Flachsbrechen fertiggeworden ist, werden auch „Ölfinsel" gekocht. Am letzten Tag des Getreideaus-

dreschens habe ich (der Pfarrer) den Dienstboten Ölküchl backen und 7 Mass Bier auf zweimal geben lassen. Im Jahre 1807 habe ich in der Erntezeit den Dienstboten an den Sonntagen zwei Schmalznudeln oder vier Küchl geben lassen, jedoch ohne Suppe. Beim Getreideausdreschen im Jahre 1809 erhielten die Dienstboten zu Mittag Suppe von Weissbrot und darauf Kletzen und Zwetschgen, Hirschbrein, Schmalznudeln und Fasslrüben, jeder 1 Mass Bier.

KOST IM PFARRHOF VON OBERLAUTERBACH

Der Pfarrer von Oberlauterbach, Landgericht Pfaffenhofen, war zu Beginn des 19. Jahrhunderts nicht nur Seelsorger sondern auch Bauer. Auf seinem Hofe arbeiteten Knechte und Mägde. Zuweilen mussten auch zusätzliche Arbeitskräfte, sog. Taglöhner, eingestellt werden. Die Eintragungen des Pfarrers in sein Ausgabebuch des Jahres 1814 geben neben den Ansätzen für die Entlohnung auch Einblick in den Speisezettel dieser Zeit.[3]

Die Erwachsenen erhielten während der Hopfenzupf „nebst Kost, Bier, Brot - jedoch ohne Nudeln zum Heimtragen - je Tag pro Person 8 kr (Kreuzer); die Kinder in der Frühe Suppe, auf Mittag und Nacht das Essen, um 9 Uhr früh und um 3 Uhr nachmittags (abends) eine „Schissel voll Bier" und jedes im Gelde 3 kr." Die Gesamtausgaben für Bier, Brot und Kost beliefen sich auf 6 Gulden. Ein Pfund Hopfen kostete zu dieser Zeit 27 Kreuzer und eine Mass braunes Bier 5 kr.

Für die Kornschitter gab es in der Frühe „Suppe, um 9 Uhr in der Frühe und abends um 3 Uhr eine Mass Bier, auf Mittag Suppe, Knotten (Knödel), Fleisch und Gemüse, auf die Nacht Salat, Brein, Schmalznudeln und zwei zum Heimtragen, eine Mass braunes Bier und fünf Kreuzer. Zur Brotzeit gab es jeweils Brot, täglich drei Laib."

Interessant ist auch die Kost für seine Dienstboten, für die der jährliche Speisezettel wie folgt aussah: „An den Sonn-, Erch(Dienstag)- und Donnerstagen des ganzen Jahres haben die Ehehalten auf Mittag Suppe, Knotten, Fleisch und Gemüse; die übrigen Tage hindurch ihre Nudeln. An den übrigen hohen Festtagenals am Prangertag, Ulrichsfest, Joh. des Täufers (Fest) derlei Küchl, am Michaelitage, Wendelintag, am Kirch-

Auf diese Weise hat Josef Eberwein die Brotsuppe verewigt (mit freundl. Gestattung von Michael Eberwein dem „Eberwein-Lieder-buch" entnommen).

weihvorabend, Sonntag und Montag, dazu am Allerheiligentag, am Martinifeste, am Andre Kirchpatron, am hl. Weihnachtsfestvorabend, am Tage selbst und am Stephanitag, am neuen Jahr, Dreikönige und am Lichtmeßtag weizene Knotten, Kücheln, Fleisch, Voressen, Braten, weißes Brot etc. Kurz: Alle Kost von Semmln, Semmelmehl, Schmalz und Fleisch. Jeder Knecht hat tägl. eine Mass Bier, jede Magd $1/2$ Mass Bier. Jeder Tagwerker unterm Jahr außer der Mahd- und Erntezeit des Tages 12 Kreuzer, eine Mass Bier, die Kost für den ganzen Tag und zwei Nudeln zum Heimtragen".

DIE WASSASCHNOIZN

Nach diesen Speiseplänen kochten nicht nur die Pfarrhaushälterinnen sondern auch die Bäuerinnen zumindest bis zum Ende des Ersten Weltkrieges. Den Milch-, Brenn- und Knödelsuppen folgte die Brotsuppe (vulgo Wassersuppe), mit im Ofenrohr gebackenen Erdäpfeln. Diese

Suppe, für die altbackenes Bauernbrot verwendet wurde, hat sich verschiedentlich bis auf den heutigen Tag erhalten. Sie hat Josef Eberwein in einem Zwiefachen wie folgt verewigt:

> *Oba mei Wassaschnoizn,*
> *guat zwiefet und g`schmoizen,*
> *weil i`s gern mog,*
> *mir schmeckts olle Tog!*

DIE KOST ALS GEGENSTAND DES AUSTRAGES

Das Essen war in früherer Zeit auch auf den Bauernhöfen knapp. Nicht selten mussten ältere Bauern um ihre Verpflegung im Austrag bangen. Verständlich, dass sie sich schon bei der Hofübergabe durch Vertrag ihr Essen „ausnahmen", d.h. vertraglich sichern ließen. Der Huberbauer von Siechendorf bei Zolling hat sich bei der Hofübergabe im Jahr 1835 nachstehenden Nahrungsaustrag lebenslänglich vorbehalten.[4] Der Wert desselben wird jährlich mit 100 fl angesetzt, welchen die Übernehmer getreulich zu reichen versprochen haben.

a) Zur freien Wohnung dient das im Haus vorhandene Nebenstübl, welches die Übernehmer immer in wohnbarem Stande herzustellen haben. Die Wohnung ist ganz holz- und lichtfrei. Wollen die Übergeber die Beheizung und die Beleuchtung selbst übernehmen, so sind ihnen jährlich 3 Klafter Scheiter- und ein Klafter Prügelholz, ferner 50 Bauschen und 5 Pfund Öl zu reichen.

b) Das Quatembergeld beträgt 4 fl, jährlich also 16 fl.

c) Wird beim Anwesen Obst erzeugt, so erhalten die Übergeber alle Jahre 1 Metzen Zwetschgen und 1 Viertl gedörrte Zwetschgen sowie 3 Metzen Äpfel.

d) Beide zusammen erhalten jährlich 2 Pfund Schweineschmalz.

e) An Kleidung erhält der Übergeber: jährlich 2 haustücherne Hemden, 1 Paar Schuhe und 1 Paar Stiefel an Schuhen sowie alle zwei Jahre

Hier im Kessel werden die Schmalznudeln im kochenden Butterschmalz „gesotten".

1 Paar Stiefel; die übergebende Mutter: jährlich zwei haustüchene Hemden, 1 Paar Schuhe, 1 Paar Pantoffel und 1 Rock;

f) Beide Übergeber haben die Kost unentgeltlich mit dem Gutsbesitzer über den Tisch zu genießen. Wollen sie aber diese nicht mehr nehmen, so erhalten sie neben den oben angeführten Reichnissen zur eigenen Verpflegung alljährlich 1 Schäffel Weizen, 3 Schäffel Korn, 24 Pfund Schmalz, 2 Vierlinge Erbsen, zu Weihnachten jeweils einen Frischling mit mindestens 40 Pfund Gewicht, zur Kirchweih jedesmal 20 Pfund Fleisch, 50 Pfund Salz und 3 Metzen Erdäpfel. Von Mitterfasten bis Martini bekommen sie täglich 2 Eier und in dieser Zeit alle Tage 1 Mass Milch.

g) Den Austragsgenießern wird beim Anwesen gewaschen und gebacken.

h) Das Getreide ist zur Mühle und das Mehl wieder nach Hause zu führen.

i) Die Handwerksleute sind - sooft sie dies nötig haben - frei zu halten.

j) Im Krankheitsfalle ist den Eltern die nötige Krankenkost, Medizin und Aufwart vorbehalten.

Für die richtige Leistung des vorstehenden Austrags und bis zur Tilgung der Übergabssumme bleibt den Übergebern das oben beschriebene Anwesen zur Spezialhypothek vorbehalten.

DIE SCHMALZNUDEL

Die Schmalznudel, in früheren Tagen in der Hallertau nahezu täglich auf dem Speiseplan, ist neuerdings wieder gefragt. Gar manche Bäuerin erinnert sich an diese Delikatesse und auch daran, dass die Großmutter die Zubereitung noch beherrscht. Nach deren Rezept werden sie heute wieder hergestellt:

Nur Roggenmehl, Wasser, etwas Salz und Sauerteig werden zur Herstellung benötigt. Die erfahrene Köchin gibt das Mehl schon am Vortag in die sogenannte Molter, eine aus einem Stück Holz gearbeitete längliche Schüssel. In der Nähe des Herdes wird es warm gehalten. Ebenfalls schon am Vortag holt man beim Bäcker etwas Sauerteig. In diesen wird dann eine kleine Menge des Roggenmehls gege-

ben. Ein Dämpflein bereiten nennt man das. Zeitig am Morgen des nächsten Tages wird der Teig dann „angemacht“. Dem erwärmten Mehl muss man nun das Dämpflein sowie Wasser und Salz beigeben. Kaum ist der Teig angemacht, wird er schon wieder in Ruhe gelassen. Er braucht nämlich Zeit und auch wieder Wärme, um aufzugehen. Nach einer Stunde ist es soweit. Die Köchin kann aus dem Teig die Nudeln formen. Die handtellergrossen Rohlinge dürfen schließlich nochmals eine Stunde auf dem Nudelbrett, über das ein „Nudeltuch“ gelegt und das mit Mehr bestäubt ist, ruhen. Inzwischen ist das Butterschmalz im Kupferkessel auf die richtige Temperatur gebracht.

Die Nudeln können endlich in das Schmalz gegeben werden. Um ein Überquellen des Fettes zu verhindern, sollte man den Kessel kurz vom Feuer nehmen und die Nudeln reinlegen. Dem Schmalz wird auch von Zeit zu Zeit Wasser in geringen Mengen beigegeben, wodurch ein Überquellen verhindert werden soll. Die Nudeln werden nun langsam, das heisst nicht überhitzt, etwa 20 Minuten lang „gesotten“. Die köstliche, knusprige Schmalznudel ist fertig. Sie schmekkt für sich allein, zum Kaffee und für Kenner mit einem guten Magen auch zu Radi und Bier.

Quellenangaben:

1 Pfarrarchiv Reichertshausen: „Kostordnung der Dienstboten bey der Pfarrey Reichertshausen nächst Au im churfürstlichen Gericht Moosburg“.
2 Amperland (Heimatkundliche Zeitschrift), 1989/3, S. 292/295.
3 StAM RA Fasz. 302, Nr. 4896.
4 Brückl, Josef: Siechendorf und rundherum ist Heimat. .

Sie spielte um 1930 noch zum Tanz auf, die Kapelle Schranner, von denen es in Nandlstadt nur hieß: „D'Musikanten und da Hutter Hans" (vier Schranner).

ie Äußerung des Staatsrates Joseph Ritter von Hazzi aus der Zeit um 1800 über den Menschen in der Hallertau nämlich, dass er u.a. „wild und dumm" sei[1], lässt nicht den Schluss zu, dass es um die Kultur in der Hallertau schlecht bestellt gewesen wäre. Weil die Hallertau bis weit ins 19. Jahrhundert hinein als armes Land gegolten hat, mag das Vorurteil entstanden sein, es sei auf dem Gebiet der Kultur Ödland. Wer aber mit offenen Augen durch die Hallertau geht, wird bald das Gegenteil erfahren. In früheren Jahren musste man die Hallertau selbst entdecken, weil sich Künstler und Schriftsteller mehr der Landschaft im Süden der bayerischen Landeshauptstadt zugewandt haben. In neuerer Zeit öffnet sich die Hallertau, Kunstschätze werden präsentiert, Musik und Gesang finden als Volksgut Anerkennung.

DIE KUNST IM HOPFENLAND

Die Kunstwerke in der Hallertau haben sich fast ausnahmslos dem Charakter der Landschaft angepasst: Biedere Behäbigkeit, breite Körperlichkeit und satte Buntheit, dazu ein Verzicht auf formale Experimente, geben der Hallertauer Kunst ihre landschaftlich geprägte Farbe.[2] Die Baukunst der Hallertau wird in der Folge nach den geschichtlichen Stilepochen kurz dargestellt. Sind dann damit Interesse und Neugierde geweckt, kann die Kunst in der Hallertau z.B. aus Kirchenführern und eigenen Betrachtungen voll erlebt werden.

Frühes Mittelalter und Romanik

Von der Kunst des Frühmittelalters zeugen nur mehr die Reste ornamentierter Schrankplatten des 9. Jahrhunderts in Ilmmünster. Älteste Zeugnisse des romanischen Stils sind die Klosterkirche der Benediktinerinnen in Geisenfeld (vielfach verändert) und die Klosterkirche in Biburg bei Abensberg. Der hohe Baublock mit den schweren Türmen dominiert hier das breite Abenstal. Die altbairische romanische Backsteinarchitektur vertritt die romanische Basilika von Ilmmünster mit ihren breit hingelagerten Massen und dem wuchtigen Turm. Ist die Romanik

der Klosterkirche Scheyern schon stark verändert, so ist von der zu Hohenwart nur mehr der Turm erhalten. Erwähnenswert sind noch das Hauptwerk der romanischen Plastik, die Portalwand des Kirchleins zu Gögging (mit vielen romanischen Steinreliefs besetzt), die kleine Filialkirche St. Johannes von Altfalterbach (Mgde. Nandlstadt) sowie der große romanische Kruzifixus von Enghausen nordöstlich von Mauern im Landkreis Freising.

Eine Besonderheit der romanischen Baukunst der Hallertau sind die zweigeschoßigen Kirchen, zumindest teilweise noch erhalten in Haunsbach bei Mainburg, Hebrontshausen (Gde. Rudelzhausen), Rannertshofen (Gde. Attenhofen, Lkr. Kehlheim), Thonhausen (Gde. Wolfersdorf, Lkr. Freising), Piedendorf (Mgde. Au i.d. Hallertau) sowie das gewölbte Türkenfeld (bei Hohenthann, Lkr. Landshut). Voll erhalten ist das Obergeschoß der Kirche in Gasseltshausen. Diese Kirche ist wohl die seltsamste in der Hallertau: Ein kahler, ziegelroter, massiger Turm mit Satteldach, das ist das ganze Kunstwerk.

Die Gotik, die Zeit der Städte

Zur Zeit der Gotik erhalten die Städte das Gesicht, das ihnen weitgehend bis heute geblieben ist. Neustadt an der Donau ist dafür ein treffendes Beispiel. Der oberbayerische Herzog Ludwig II. hat es 1273 neu angelegt, und zwar als ein durch vier Straßen gegliedertes Quadrat von 300 Metern. Eine Straße davon ist marktartig breit, in ihr stehen sich Pfarrkirche und Rathaus gegenüber. Beide Bauwerke sind im 15. Jahrhundert entstanden.

Auch Abensberg, in seiner Geschlossenheit Neustadt ähnlich, hat in der Zeit der Gotik die Stadtpfarrkirche, eine Hallenkirche mit schlanken Pfeilern, auch noch die langgestreckte Klosterkirche der Karmeliten errichtet (gotische Basilika).

Die Stadt Pfaffenhofen lässt ebenfalls in dem weiten und großzügigen Marktplatz die Entwicklung aus einer Marktsiedlung erkennen. Die kath. Stadtpfarrkirche St. Johann Baptist ist eine dreischiffige Basilika, deren Turm den Platz beherrscht.

Charakteristisch für den gotischen Kirchenbau in der Hallertau sind der massige Chorturm von Allakofen (Lkr. Kehlheim), der kleine gut durchgegliederte Blankziegelbau von St. Sylvester in Airischwand (Mgde. Nandlstadt), der auch im Innern durch die Fülle gotischer Plastik noch recht einheitlich erscheint. Eine noch stattlichere Anlage ist Pürkwang (bei Wildenberg, Lkr. Kelheim) von 1462 mit einem reichen Turm und einer prächtigen Barockausstattung,

Die Herrschaft der Renaissance

In dieser Stilepoche wurden zwar keine bedeutenden kirchlichen Bauwerke errichtet, doch sind in der Hallertau einzelne gute Ausstattungsgegenstände zu finden. So z.B. findet sich in der Kirche von Haimpertshofen bei Pfaffenhofen ein Altar von großer Seltenheit. Er stammt aus der Zeit um 1530 und ist im Stil der italienischen Frührenaissance gestaltet, reich reliefriert. Noch stärker wirkt spätgotisches Leben in den Figuren des reizvollen Altars in St. Johannes d.T. in Rudertshausen (Mgde. Au i.d. Hallertau).

Vertreter der barocken Architektur

Die barocke Architektur setzt mit Schlossbauten wie z.B. in Oberlauterbach bei Rottenburg (stimmungsvoller Arkadenhof, 1660) und Train (Lkr. Kehlheim), Wasserschloss von 1695, ein. Von der Architektur her gehört hier auch die Sakristei von Scheyern mit ihrem warmen Schrankwerk dazu.

Das Hauptwerk der Barockarchitektur in der Hallertau ist die Kirche des Augustinerchorherrenstifts Rohr (Lkr. Kehlheim), von Egid Quirin Asam. Der Bau selbst wurde erstellt von dem in Rohr ansässigen Maurermeister Joseph Pader (1717 bis 1722). Egid Quirin Asam schuf, vielleicht auf Wunsch des Bauherrn, eine Wandpfeilerkirche mit Querschiff von etwas konventioneller Form, in deren Mittelpunkt der Hochaltar steht. Unter dem Eindruck von Rohr erscheint der übrige Barockbestand nicht sehr bedeutend. Hinzuweisen ist jedoch noch auf den großen hl. Johann Nepomuk in der Friedhofskapelle von Neustadt von Egid Quirin Asam und die Wallfahrtskirche von Laaberberg, die Cosmas Asam ausgemalt hat.

Spuren des Rokoko

Unter den zur Zeit des Rokoko gebauten Kirchen gebührt der 1743 vom Landshuter Johann Georg Hirschstötter erbauten Pfarrkirche Oberhatzkofen bei Rottenburg, mit ihren reichen Fensterformen und der schwingenden Überleitung, ein besonderes Augenmerk. Zeugnisse

Pfarrkirche Au

Die zweigeschoßige Kirche von Gasseltshausen

Pfarrkirche St. Laurentius, Wolnzach, Sebastiansaltar.

dieser Stilrichtung finden sich auch in den Kirchen von Oberlauterbach (Markt Wolnzach), Oberotterbach (Stadt Rottenburg) und Unterneuhausen (Lkr.Landshut). Das Prachtstück eines höfischen Rokoko aber ist Offenstetten (bei Abensberg), das 1757 unter Freiherrn von Kreitmayr durch Johann Baptist Zimmermann ausstuckiert wurde. Christian Jorhan schnitzte zwei große Figuren für das Spital von Pattendorf bei Rottenburg (1784), während Ignaz Günter mit zwei Heiligen am Hochaltar von Scheyern vertreten ist. Achtbares Rokoko schufen der Kistler Johann Saxinger von Pfeffenhausen und der Maler Xaver Schweinhuber von Rottenburg in der Ausstattung von Hofendorf (Lkr. Landshut, 1761). Hervorragende Rokokoarbeit findet sich auch im Sebastiansaltar von Wolnzach (Christian Jorhan d.Ä.) und in den Altären von Walkersbach (Lkr. Pfaffenhofen). Den Schritt über das Rokoko hinaus wagte Christian Wink bei der Gestaltung der Kirche in Hörgertshausen (Lkr. Freising, 1790).

Neuere Bauformen

Christoph Itelsberger von Regensburg, der noch 1788 in der Bründlkapelle von Appersdorf (Gde. Elsendorf, Lkr. Kehlheim) Rokoko schuf, versuchte sich um 1800 schlecht und recht in einem barockklassizistischen Hochaltar in Lindkirchen (Lkr. Kehlheim). Die kath. Pfarrkirche St. Vitus in Au i.d. Hallertau, dem Grundsatz nach eine barocke Anlage von 1688/89, erhielt durch die Erweiterung und den Umbau in der Zeit von 1903/06 durch Johann Schott und die Malerarbeiten im Jugendstil des bekannten Münchner Künstlers Franz Hofstötter eine neubarocke Ausstattung. Dagegen wurde die Rechteckanlage des Schlosses (1544/78) im Jahr 1880 in reichen Neurenaissance-Formen umgestaltet, die an Anker-Steinbaukästen erinnern.

Die Kunst in der Hallertau hat nie einen maßgeblichen Einfluss auf die Umgebung ausgeübt, sie war immer aufnehmend. Aber das, was sie aufgenommen hat, hat sie sich anverwandelt, hat es zum geformten Ausdruck ihres Lebens werden lassen.[3]

KÜNSTLER AUS DER HALLERTAU ODER IN DER HALLERTAU TÄTIG

In der Hallertau fanden und finden sich einige klangvolle Namen und hervorragende Talente, die als bildende Künstler Leute und Landschaften der Hallertau in den Mittelpunkt ihres Schaffens gestellt haben oder sonst zu allgeinem Ansehen kamen und damit Kultur aus der Hallertau bestätigt haben. Sie werden nachfolgend in alphabetischer Reihenfolge vorgestellt.

Michael P. Weingartner (1917-1996), Kunst- und Kirchenmaler aus Pfaffenhofen a. d. Ilm

Erlernte zunächst das Malerhandwerk und studierte dann an der Akademie der Bildenden Künste München religiöse Malerei, Landschafts- und Portraitmalerei sowie Architektur. Weingartner arbeitete für über 250 Kirchen und Klöster in Bayern und Österreich. Sein Hauptwerk ist die Kirche *Maria Schutz* in München Pasing, er ist aber auch in zahlreichen Kirchen der Hallertau vertreten. Er wurde u.a. mit dem *Bundesverdienstkreuz*, der *Silbernen Stadtmedaille* der Stadt Pfaffenhofen und der *Landkreismedaille* ausgezeichnet.

Franz Lenbach, „Malerfürst"

Am 13. Dezember 1836 in Schrobenhausen am westlichen Rand der Hallertau geboren, erlernte zunächst das Maurerhandwerk. Ein reiches Erbe seines Vaters ermöglichte ihm den Besuch der Gewerbeschulen in Landshut und Augsburg und schließlich mit Piloty eine Reise nach Italien. Sein unermüdliches Studium und sein Können ließen ihn bald zum Oberhaupt der Münchner Künstlergemeinschaft und zu einem begehrten Porträtisten werden. Er verstarb 69jährig 1904 in München, wo noch heute die „Lenbach-Galerie" an ihn erinnert.

Helmut Münch, der Vielseitige

Helmut Münch ist Jahrgang 1926 und in Würzburg geboren. Ab 1948 studierte er zunächst unter Professor Rössing an der Kunstakademie in Stuttgart und danach bei Professor Griebel in Nürnberg. Ab 1952 unterrichtete er an der Realschule in Mainburg und schloss noch im selben Jahr mit Gertraud Rother die Ehe, die als Bildweberin zahlreiche seiner Entwürfe umsetzte.

Helmut Münch wurde 1958 in Ebratshausen bei Mainburg sesshaft und startete von da aus eine äußerst erfolgreiche künstlerische Karriere. In seiner nun schon über 40 Jahre andauernden Schaffensperiode entstanden Landschaften, Portraits, Akte, Stilleben, religiöse Graphiken, Wandgestaltungen am Bau als Sgraffito, Mosaik und Wandmalereien sowie Entwürfe für Buntglasfenster und Wandteppiche. In zahlreichen Bildern stellte er Landschaften und Orte der Hallertau dar.

Josef Scheibenbogen, Architekt und Maler

Der am 15. August 1909 in Pfaffenhofen/Ilm geborene Scheibenbogen absolvierte von 1928/31 an der Akademie für Bildende Kunst in München bei den Professoren Erich und Fritz Erler Malerei und von 1931/36 an der Technischen Hochschule München Architektur. 1967 machte er Wolnzach zum Mittelpunkt seines Lebens. Hier hat er den Bürgern den Weg zur Kunst geöffnet. In seinen in Aquarell oder in Öl gehaltenen Bildern hat er häufig Land und Leute der Hallertau verewigt. Auf dem Höhepunkt seines Schaffens war er einer der gefragtesten Künstler der Hallertau. 1997 ist er in Wolnzach verstorben.

Hans Waiblinger, Maler und Graphiker

Geboren wurde Waiblinger 1920 in Ilmried bei Pfaffenhofen. Bekannt sind seine Stilleben und Portraits sowie seine Landschafts- und Städtebilder der Hallertau.

MUSIK UND GESANG IN DER HALLERTAU

Bei dem Versuch einer gewissen Eigenständigkeit von Musik, Gesang und Tanz in der Hallertau nachzuspüren, ergeben sich zunächst einige grundsätzliche Fragen: Was ist das Wesen von Volkslied und Volksmusik, hat die Hallertau auf diesem Gebiet eine eigene Kultur und wenn ja, wo und in welcher Zeit fängt man an, wie weit geht man bei der Darstellung zurück. Entsprechend der grundsätzlichen Tendenz dieses Buches wird auch hier auf die überschaubare Zeit ab dem 18. Jahrhundert abgestellt. Soweit geboten wird auf frühere Grundlagen und Entwicklungen eingegangen.

Vom Wesen des Volksliedes

Dieser Frage ist Viktor v. Geramb nachgegangen und dabei zu dem Schluss gekommen, dass das Volkslied im tiefsten Sinn des Wortes jedes Lied ist, das „im Mutterboden der Kulturnation gesungen, weitergegeben und dabei unbewusst gestaltet worden ist".[4] Wilhelm Heinrich Riehl hat 1853 eine weitere Lösung gefunden:[5] „Kein Volkslied hat einen bestimmten, nennbaren Verfasser. Solange man einen solchen nennen kann, ist das Lied auch kein wirkliches Volkslied geworden. Nur das Volk selbst macht Volkslieder." Freilich weiß Riehl, dass bei jeder Melodie, bei jedem Lied doch ein Einzelner der erste Urheber gewesen sein muß. „Aber andere", so Riehl weiter, „bildeten sein Lied weiter; ganze Generationen modelten es aufs neue um, so dass immer wohl Elemente des ursprünglichen Liedes blieben, aber auch so viele neue, an denen Hunderte mitgearbeitet, hinzukamen, dass zuletzt niemand mehr sagen kann, wer eigentlich das Lied gemacht hat."

Für die Aussage Riehls zum Werden der Volkslieder gibt es zahlreiche Belege. So geht der Hallertauer, wenn er das Lied vom „Friedl in der Au" singt, doch davon aus, dass es sich um ein Lied von Leuten aus der Hallertau und für die Hallertau gemacht handelt. Dagegen wird dieses Lied als Fund des Kiem Pauli aus dem Chiemgau stammend ausgegeben.[6] Ebenso ist es mit dem Lied „In da Fruah, wenn da Hahn macht an Krahra" aus dem Repertoire der Nandlstädter Sänger, das nach der vorhin genannten Quelle nicht hallertauerischen sondern österreichischen Ursprungs ist. Ein Beleg für die Theorie des Wilhelm Heinrich Riehl sind auch die Liederbücher der Familie Eberwein. Von den darin aufgezeichneten zahlreichen Zwiefachen waren oft nur einige Textzeilen und wenige markante Melodien bekannt. Josef und Michl Eberwein haben sie ergänzt und unter ihrem Namen verbreitet. Dies ist aber gewiss kein Wiederspruch zu Riehl's Aussage von 1853 (kein nennbarer Verfasser...). Seinerzeit war eben ein Verfasser nicht bekannt.

und an den Kurfürsten und an den Geistlichen Rat u.a. folgendes berichtete:[7] „Die sog. Brief- und Kraxenträger führen manchmal verdächtige, ja wohl gar verbotene Bücher mit sich. Darunter befinden sich nicht wenig verführerische Büchl und Liebeslieder, die gekauft und von den jungen Leuten in Wirtshäusern oder bei anderen Zusammenkünften zu allgemeiner Ärgernis abgesungen werden." Verständlich auch, dass sich bei dieser Art der Verbreitung sowohl von der Übermittlung her als auch aus lokalem Interesse textliche Änderungen ergaben (siehe oben).

Hoffähig im wahrsten Sinn des Wortes wurden Volksmusik und Volkslied als in Bayern die Könige Ludwig I. (ab 1825) und Max I. (ab 1848) regierten. Beide waren selbst Freunde der Wissenschaft, der Dichtung und des Waidwerkes und förderten daneben Leute, die auf dem Gebiet von Volkskunst und Volksmusik tätig waren, wie z.B. Franz von Kobel.[8] Auch in der Folge zeigte das Haus Wittelsbach seine Neigung für Land und Volk und unterstützte die Sammlung und Pflege des Volksliedes. Was dem Herrscherhaus gefiel, fand auch beim Volk gefallen.

Das Wesen des Volksliedes bestand lange Zeit allein im lebendigen Gebrauch und in der Überlieferung.

Die Eberweins z.B. haben die vorgefundenen und bekannten Fragmente sowohl in Text und Melodie ergänzt und dürfen für diese Fassungen zurecht die Urheberschaft in Anspruch nehmen.

Verbreitung

Dass man viele Volkslieder und Melodien landschaftlich nicht einwandfrei zuordnen kann, mag zum einen daran liegen, dass sie recht gefällig waren und daher auch über den Ursprungsort hinaus gesungen wurden. Zum anderen liegt das sicher auch an der Art der Verbreitung, die häufig nicht schriftlich sondern mündlich erfolgte. Ob bewusst oder unbewusst, oft waren Handwerksbursche, Brief- und Kraxenträger diejenigen, die die Volkslieder tatsächlich unter das Volk brachten und für eine Verbreitung sorgten. Freilich kamen dabei auch Lieder unter das Volk, über die man heute schmunzeln würde, die man aber unter dem Maßstab der damaligen Moral als „sündhaft" fand. Das ging sogar soweit, dass Anno 1752 der Rentmeister des Gebietes München (heute Oberbayern) seinen Bezirk bereitste

VOLKSMUSIK IN DER HALLERTAU

Schon bald wurde erkannt, dass es notwendig ist, Volksmusik archivmäßig festzuhalten. Forscher und Sammler spürten eifrig dem musikalischen Volksgut nach. Der Kiem Pauli und Professor Kurt Huber sind hierbei die bekanntesten Namen. Ihr Augenmerk galt aber vorwiegend der Region Oberbayern. Volksmusik aus dem Raum Niederbayerns und der Hallertau sammelten u.a. Anton Bauer, Paul Friedl, Ferdinand Neumaier und Ludwig Simbeck. In neuerer Zeit hat sich die Familie Eberwein aus Dellnhausen mit der Herausgabe von Büchern um Volkslied und Musik aus der Hallertau verdient gemacht (siehe unten).

Der Heimatpfleger des Landkreises Freising Rudolf Goerge hat 1994 im Marstall des Landratsamtes eine Ausstellung zum Thema „Tausend Jahre Volksmusik im Freisinger Land" veranstaltet. Er hat dabei auf eindrucksvolle Weise mit Büchern, Bildern, Noten und Texten eine für diesen Landstrich eigentümliche Volksmusik nachgewiesen. Was dort für das

Freisinger Land gesagt wurde, darf getrost auf die ganze Hallertau angewandt werden. Damit kann die eingangs gestellte Frage nach einer eigenen Kultur auf diesem Gebiet klar bejaht werden. Volksmusik und Volkstanz gehörten in der Hallertau wie überall zum Leben der Bauern und Ehehalten, sie waren oft das einzige Vergnügen, das man sich nach der harten Tagesarbeit auf dem Feld, im Stall oder in der Werkstatt leisten konnte.

DAS HALLERTAUER LIED

„Mia san Holledauer" ist der Titel desjenigen Hallertauer Liedes, mit dem sich der Holledauer am meisten identifiziert, das er auch mit Respekt singt und das auch nie zur Schnulze verkommen ist. Selbst die an den Jazz-Stil angelehnte Improvisation der Hod Doggs klingt noch sympathisch. Dieses Lied datiert Josef Eberwein in seinem Buch „Lieder und Zwiefache" in die Zeit von etwa 1790.

Vermutlich noch älter und ebenso bekannt ist das Holledauer Schimmellied. Eberwein legt es in die Zeit um 1750 und Johann Andreas Schmeller bringt es schon in seiner ersten Ausgabe des „Bayerischen Wörterbuches" von 1827. Zu diesem Lied sagt Dr. Johann B. Prechtl:[9] „Bekannt und renommiert ist das Hallertauer Liedl (er meint das Schimmellied). Es bestand ursprünglich aus den Strophen 1, 2 und 6; die anderen sind spätere Zutaten. Vergeblich fragt man nach dem Urheber dieses Volksliedes. Solche Lieder tauchen plötzlich auf, erhalten Zusätze und Veränderungen und werden dann die Lieblingsgesänge der lebensfrohen Jugend." Prechtl bestätigt damit auch die Aussagen Riehl's (s. oben).

Die von Dr. Prechtl 1861 aufgezeichnete Fassung hat folgenden Wortlaut:[10]

O heiliger Sankt Castulus
Und Unsre Liebe Frau,
So kennst du uns denn nimmer,
San aus der Hallertau;
San ferten unser neune gwest,
Und heuer san uns drei,
Die andern san am Schimmestehln,
Maria, steh uns bei.

Zu Nandlstadt da steht a Galgn,
Dös is a Moastastuck,
Und wer koa Hallertauer is,
Der geht glei wieder zruck;
Dieweil der Koaser hat`n grad
Den Nandlstadtern gschenkt,
Und wer koa Hallertauer is,
der wird a dran net ghenkt!

In Au da hams an ihrem Schloß
Grod 34 Jahr baut,
Weil koana halt mit seine Roß
A fuhr hat z`machen traut;
Denn d`Schimmel san gar theuer worn,
Seitdem der letzt` is g`freckt,
Und Kircha is abrocha worn,
Wo ma`s eine hat versteckt.

Und z`Wolnza hams a Pflaster kriegt,
Dös is a Rarität,
Nur wia ma junge Stoana ziegt,
Grod dös verstengas net:
Drum lafens in der Welt herum
Und suacha Stoana zam,
Sie schaug`n si blind und halbet dumm,
Obs`n rechtn Sama ham.

Die Moaburger san rari Leut,
Sie ham gnua Bier und Geld,
Sie führn a Lebn voll Herrlichkeit,
Wie d`Mader auf der Welt.
Sie ham den Schlüssel in der Hand
Zur ganzen Hallertau;
Drum fragt ma z`Moaburg umanand:
Wist`s ös`n Weg nach Au?

Das Wappen von Nandlstadt, das an den Kirchenpatron und nicht an den Galgen erinnert

O heiliger Sankt Castulus,
Um wos i di no bitt:
Um 100 000 Guldn,
Und bring mir`s Geld glei mit;
Um 100 000 Guldn,
Und nu a mal so viel,
Und alli Tag a bessers Bier,
N Himmel wenn i will.

Nur oans no - ma hat oft scho g`fragt:
Wie groß is d`Hallertau?
Und auf dös hat ma g`wöhnli g`sagt:
Die Frag` die is mir z`schlau.
I moanat halt, es war a Haus,
Dös viel Narrn fassen kann;
Und d`Hallertau geht da erst aus,
Wo die Gscheidten fangen an!

Die Fassung Dr. Prechtl`s hat in der Folge Änderungen erfahren. Zum einen wohl deshalb, weil der Text auf eine einheitliche Melodie abzustimmen war und zum anderen gab es ja immer wieder Neckereien zwischen den Orten, die in Reimen den Niederschlag fanden. Die von Josef Eberwein bearbeitete Fassung weist zusätzlich noch folgende Verse auf:[11]

Dös Kirchal stand bei Volkenschwand,
so auf ràn Bergerl drobm,
da Schimme ist verhungat drin,
weils dort nur Hopfa ham.

Doch wui i enk sag`n,
wer Hopfa baut, zehn Meilen weit um Au,
der schreit, wia er nur ko, so laut:
I g`hör zur Holledau.

Josef Eberwein bringt auch den Schlussrefrain, der vielfach mitgesungen wird:

Wia da Schimme am Leb`n is gwen
hams eahm nix z`fressn geb`n,
ho-la-ra-di-ho-la-ro, ho-la-ra-di-o;
wia da Schimme tot is gwen,
hams`eahm an Büschl Heu fürgebn,
net daß d`Leit sag`n,
zweng da Not is da Schimme tot.

„Mia san Holledauer", das Lied der Holledauer schlechthin, wurde mit freundl. Gestattung von Michael Eberwein dem „Eberwein-Liederbuch" entnommen.

Während man in der Hallertau schon im 17. und 18. Jahrhundert bodenständige Tänze gespielt hat (siehe dazu nachfolgend), hat man im späten 18. und im 19. Jahrhundert außer dem Schimmellied fast ausschließlich Gebirgslieder gesungen. Eine ähnliche Erscheinung ist auch schon bei der Tracht festzustellen (siehe dort). Zu Beginn des 20. Jahrhunderts waren von vielen spezifischen Tanzweisen und Liedern der Hallertau nur mehr Fragmente, einzelne Reime und Fetzen von Melodien vorhanden. Der bescheidene Gymnasiallehrer Anton Bauer (siehe unten) und der Schneidermeister Josef Eberwein bewahrten sie vor dem Untergang.

Die Verdienste der Familie Eberwein um Musik und Gesang aus der Hallertau

Die Familie Eberwein ist seit 1856, aus Rudelzhausen kommend, in Dellnhausen ansässig. Neben einer kleinen Landwirtschaft mit Hopfenanbau war das Schneiderhandwerk von Anfang an der Haupterwerbszweig der Familie. Musiziert hat bei den Eberweins in früherer Zeit außer Josef, geboren am 19. August 1895, niemand. Von ihm sagte seine Mutter, dass er „aus der Art" geraten sei. Und das in dieser Richtung gleich gewaltig. Schon mit 13 Jahren begann er alte Hallertauer Lieder aufzustöbern und zu sammeln. Von Rundfunk und Schallplatte noch unbeeinflusst war Josef Eberwein auf das angewiesen, was buchstäblich „die Alten sungen", was in der Hallertau gesungen und gespielt wurde. Oft waren von den Tänzen und Liedern nur Bruchstücke vorhanden. Josef Eberwein ergänzte die Texte, schrieb mehrere Strophen dazu und sein Sohn Michl ergänzte die Melodien und schrieb Noten.

Die Freude zur Musik gedieh bei Josef Eberwein so weit, dass er selber das Zitherspiel erlernte, mit ihr sogar in den Ersten Weltkrieg zog und 1931/32 das Männerquartett „Hallertauer Sängergruppe Eberwein" gründete. Die erste Rundfunkübertragung einer Darbietung des Quartetts erfolgte am 27. Juli 1933, also schon bald nachdem der Kiem Pauli das wegweisende oberbayerische Preissingen veranstaltet hatte.

Ganz im Gegenteil zu Josef Eberwein, der unter seinen Geschwistern noch der einzige mit musikalischer Veranlagung war, ererbten seine sieben Kinder vom Vater die Liebe zu Musik und Gesang. Jeder der Buben erlernte ein Instrument, die Töchter und Sohn Michl wid-

Josef Eberwein als Coupletsänger.

meten sich auch noch dem Gesang. So erfolgte 1947 eine Umstellung des Männerquartetts in ein gemischtes Quartett, bei dem Josef Eberwein, Tochter Maria, Sohn Michl und Fanny Halder aus Schweitenkirchen mitsangen. In dieser Formation erlangte die "Gesangsgruppe Eberwein", wie sie sich fortan nannte, einen guten Namen im ganzen bayerischen Raum.

Die Saat des Josef Eberwein trug bald weitere Früchte: 1947 gründete Sohn Michl die „Dellnhauser Musikanten". Sie wurden zur idealen Ergänzung der Gesangsgruppe und widmeten sich neben dem Zwiefachen auch anderen ländlichen Volkstänzen, wie etwa dem Schottischen, dem Galopp, dem Rheinländer und dem Ländler. Die „Dellnhauser" waren die ersten unter den bayerischen Volksmusikern, die die Zwiefachen in der heute populären Art, der gesungene Zwiefache mit einem Instrumentalteil, dem Volksmusikfreund präsentierten und zu einem Hallertauer Markenzeichen machten. Die „Dellnhauser Musikanten" entwickelten sich zu einer eigenen Volkstanzkapelle, die ihren unverkennbaren Stil besitzt, der der ganzen bayerischen Volksmusik neue Impulse gab. Seit 1969 singen auch die Töchter Marlene und Brigitte des Michl Eberwein, zunächst als „Eberwein Kinder" und bald mit Margit Schleinkofer aus Schweitenkirchen unter dem Namen „Eberwein Dirndl". Der Sohn Michael bläst die Trompete und ist heute der Chef der „Dellnhauser Musikanten". Die Qualität in der die Eberweins singen und musizieren hat auch dazu geführt, dass sie häufig in Rundfunk und Fernsehen auftreten und damit Volksmusik aus der Hallertau populär machen und wieder zu neuem Leben erwecken.

Josef Eberwein ist am 20. Dezember 1981 und sein Sohn Michl am 27. Mai 1998 verstorben. In drei Liederbüchern aus dem Hause Eberwein sind die Früchte unermüdlichen Sammelns und eigenen Schaffens der Nachwelt erhalten:

Josef Eberwein: Lieder und Zwiefache, 1974, 2. Auflage;

Michl Eberwein: Das Eberwein-Liederbuch, eine Zwiefachen- und Liedersammlung vom Eberwein-Vater, 1980;

Marlene Eberwein-Selfelder: Das Eberwein-Liederbuch aus der Holledau, 1989.

Michael Eberwein hat auch erkannt, dass Volksmusik nicht „einfrieren" und auf dem Stand von gestern festgeschrieben werden darf. Er hat deshalb im Jahr 2005 die Gruppe „Dellnhau'n" ins Leben gerufen - als zusätzliche Formation zu den von seinem Vater gegründeten Dellnhauser Musikanten. Dellnhau'n arbeitet sich musikalisch und textlich vor in die Gegenwart.

Die Musikgruppe Dellnhau'n

Holledauer Heimatlied

Seit Josef Eberwein Lieder aus der Hallertau gesammelt, ergänzt und die Melodie wieder aufbereitet hat (siehe oben), sind nur wenige neue Lieder hinzugekommen. Eines davon ist das unter dem Namen „Hollerdauer Heimatlied" bekannt gewordene Lied. Dieses ist um 1955 in Rudelzhausen entstanden. Dort haben dem Text von Maria Aigner Fred Over und Wigg Aigner eine Melodie gegeben. Sowohl als Volksgesang als auch im Zweigesang hat das Lied allmählich seine Verbreitung in der Hallertau gefunden.

TANZMUSIK UND VOLKSTANZ

Mit dem Begriff von Volks- und Tanzmusik in der Hallertau ist zweifellos der Zwiefache verbunden. In der Tat, der Zwiefache ist seit über 200 Jahren in der Hallertau bekannt, belegt in einem Strafprotokoll des Hofmarkgerichtes Wolfersdorf vom 30. November 1780, in dem es heißt: „Am Sonntag, dem 12. November, haben sich die hernach genannten Burschen in der hiesigen Wirtstafern erfrechet, unanständig und ärgerlich zu tanzen und die Füße mit den Weibsbildern ihrigen durcheinanderzuschlingen. Dieser Tanz wird unter dem Bauernvolk das Zwyfach Danzen genannt."[12]

Zwiefache sind Tänze, in welchen innerhalb einer Melodie Walzer-(3/4) und Dreher-(2/4)Takte und damit die zugehörigen Schritte (oder seltener Polka- und Dreherschritte bei gleichbleibendem geraden Takt) in mehr oder weniger regelmäßigen Folgen wechseln. Wie groß ihre Zahl ist, lässt sich nicht sagen. Neben einigen Grundformen gibt es unzählige Varianten, die ineinander übergehen und zwischen denen man kaum eine Grenze ziehen kann.[13] Zwiefache sind neben der Hallertau auch im Bayerischen Wald, in der Oberpfalz sowie in den angrenzenden Landschaften Frankens und Schwabens lebendig. Ihre Wieder- und Neubelebung in der Hallertau ist zweifellos Josef und Michl Eberwein zu verdanken. Einer der bekanntesten Zwiefachen ist der Noglschmied, „neun mal nauf und neunmal runter" hieß es. Auf eine Eingangsmelodie im Walzertakt folgt eben die für den „Nogelschmied" typische Taktfolge mit einem Dreher und zwei Walzerschritten. Dieser Block wird dann zweimal, dreimal bis zu neunmal gespielt. Hier machen Musik und Tänzer eine kleine Pause, in der die Musikanten unter

Die Dellnhauser Musikanten aufgenommen 1992 anläßlich des Tages der Volksmusik in Wildbad Kreuth mit folgender Besetzung (vordere Reihe v.l.) Max Reith, Adolf und Johanna Widmann (Bürgermeister der Mgde. Au i.d. Hallertau, 1990-96), Toni Hirschberger, Manfred Leopold, Michael Eberwein sen., dahinter v.l. Fritz Winter jun., Albert Bichlmeier, Michael Eberwein jun. und Max Seefelder.

Hallertauer Heimatlied

Text: Maria Aigner, 1955
Melodie: Fred Over u. Wigg Aigner, aufgezeichnet v. Jakob Högl
Gestaltung: Adolf Widmann

ia da Herr-gott vor vie-len Jahrn er schaf-fen hot die Welt
Dann hod er's hoit ei-ni g'stellt in's hü-ge-li-ge Land.
Des Hol-le-dauer Hei-lig-tum, Ka-pelln am Ber-gerl drom
Und wer no nia an Hop-fa g'seng. ja der be-greift des nia,
Und wenn i dann ois oida Mo ganz o-hne Ach und Weh

hot er am sieb-ten tog erst o'spannt. dass da dro no was fehlt.
A Was-ser hod er dur-che g'führt. de A-bens werds ge-nannt,
an Schim-me hams do drin ver-steckt ganz o-hne Heu und Stroh.
Was des grod für a Ar-bat macht bis fer-tig is des Bier
vom Hop-fa-gar'tn Ab-schied nimm und zu mein Herr-gott geh',

Und was da no ab-gan-ga is des wiss ma ganz ge-nau: .
an Him-me hod er drü-ber g'spant, so wol-ken-los und blau,
Da Mes-ner vo dem Dör-fal dort kam zur Ka-pelln net naut,
Do stehst du do. du lia-ba Mo. dö stehst du do und schaust:
dañ soa i zur Ma-ri-a mein: „Oa Bitt' no lia-be Frau,

Des is da schön-ste Fleck da Welt. die schö-ne Hol-le-dau.
ja ü-ba un-sa Hoa-mat-land, die schö-ne Hol-le-dau.
drum is da Schim-me an Hunga-tod g'storm in da Hol-le-dau.
Den schön-sth Hop-fa, s' beste Bier hot do de Hol-le-dau.
lass mi no oa-moi o-bi schaun auf mei-ne Hol-le-dau.“

den Tänzern sammeln. Danach beginnt das ganze von neuem aber in der Weise, dass der Block neunmal, dann achtmal usw. bis auf einmal herunter gespielt wird. Ein wahrer Tanzmarathon!

Selbstverständlich war der Hallertauer nicht so einseitig um nur Zwiefache zu tanzen. Ländler, Schottisch, Walzer, Polkas, Mazurka, Rheinländer, Dreher, Galopp, Marsch und Figurentänze waren in früherer Zeit auf jedem Tanzboden zu hören. Die Figurentänze werden allgemein „Volkstanz" bezeichnet und heute wieder durch Trachten- und Volkstumsvereine gepflegt.

Die Tanzmusiken waren um 1835 höchst einfach.[14] Der „Bckpfeifer" oder der „Geiger" bildeten das ganze Orchester. Letzterer ging auf der Geige spielend „um a dum", d.h. im Kreise unter den Tanzenden herum und geigte „zwifach", dass die Geige „surrte". Wenn drei oder vier Musikanten aufspielten, dann war schon Kirchweih oder Hochzeit.

Der Walzer kommt in Mode

Mitte des 18. Jahrhunderts tanzte man auch auf dem Lande die „neumodischen Walzer". Unter Kurfürst Max III. erging am 15. Dezember 1760 deswegen ein strenger Befehl:[15] „Es ist uns zuverlässig berichtet worden, dass auf dem Lande schier durchaus von den Bauernsöhnen und Knechten, ebenso von den Bauerstöchtern und den Mägden die sogenannten deutschen walzenden, auch schutzenden Tänze mit solcher Ausgelassenheit und frechen Gebärden aufgeführt werden, dass selbe all schuldige Ehrbarkeit zum allgemeinen Ärgernis übersteigen. So befehlen Wir, solch skandalöse Tänze im Regierungsdistrikt verfänglich abzustellen."

Geholfen hat es wenig oder gar nichts wie die nachfolgend genannten Verurteilungen von Leuten aus der Gegend von Sünzhausen durch den Hofmarksrichter in Haag beweisen.

24.10.1775: In der Tafern zu Sünzhausen hat sich der sog. Mohl von Dürnzhausen mit verbotenem schuzend Tanzen erwischen lassen. Neben einem Verweis erhält er eine Geldstrafe von 60 Pf.

22.11.1775: Der Stadlmayrsohn Joseph von Sünzhausen, der Scheyrlsohn Simon alldort, der Pausenknecht von Weikenhausen Georg Waker-

bauer und der Lachermayrsohn Jakob von Dürnzhausen haben im Wirtshaus zu Sünzhausen wieder die gnäd. Generalien sich mit schuzend Tanzen erwischen lassen Jeder erhält neben einem Verweis eine Geldstrafe von 60 Pf.

Obwohl die Obrigkeit in der Folge schärfer gegen die Burschen vorging, war der Siegeszug des Walzers auch in der Hallertau nicht mehr aufzuhalten.

Der Huttanz

Beim Huttanz bewegten sich die Paare unter einem ausgespannten Seil, an dem ein neuer mit Bändern verzierter Hut hing, im Kreis herum. Während des Tanzens wurde in einiger Entfernung ein Schuss abgefeuert. Derjenige Tänzer, der sich in diesem Augenblick unter dem Seile bzw. dem Hut befand, erhielt diesen als Geschenk.[16]

Der Huttanz durfte aber nicht zur unpassenden Zeit aufgeführt werden, so wie das aus einem Gerichtsprotokoll des Hofmarkgerichtes Wolfersdorf vom 1.12.1779 zu entnehmen ist. Darin heißt es: „Wie das Gericht erfahren hat, ist bisher der jährliche Missbrauch gewesen, dass der hiesige Wirt Christoph Eichele am St. Veitstag (15. Juni) beim Kirmayr zu Haindlfing und acht Tage nach der Wolfersdorfer Kirchweih, nämlich am 8. August, bei sich zu Hause einen Huttanz gehalten hat. Zu diesen Zeiten aber, wo die Feldfrüchte noch nicht abgeerntet sind, sind dergleichen ländliche Ergötzlichkeiten und Tänze im allgemeinen untersagt."[17]

Tanz gefährdet die Moral

Wie es um 1860 auf dem Tanzboden zuging hat Lipowski festgehalten:[18]

„Der Tanz des Volkes ist plump. Ausser dem bayerischen Ländler und Dreher gallopiert und polkiert die heutige junge Welt mit dem Stiefelabsatze, dass man eine Schwadron im Anzuge glaubt. Versehen mit gesunden Lungen vermögen die Burschen während des Tanzes zu juxen und zu pfeifen, dass Einem die Ohren sausen. Der Eindruck, welchen der Zuschauer vom Tanzplatze mit sich nimmt, ist nicht der angenehmste. Da es gebräuchlich ist, dass die Dirnen ohne Aufsicht die Tanzplätze besuchen, so leisten solche Zusammenkünfte der beiden Geschlechter der Unsittlichkeit den größten Vorschub. Von der durchschnittlichen

Zahl von 200 unehelichen Geburten im Amtsbezirke dürfen nach unserer Erfahrung mindestens zwei Drittheile diesem Mißstand auf Rechnung geschrieben werden."

Tanzverbote

Das Tanzen war in früherer Zeit nicht zu jeder Jahreszeit erlaubt. Es gab sogenannte „geschlossene Zeiten", an denen keine Tanzmusik gespielt werden durfte. Wer sich nicht an das Verbot hielt wurde bestraft, was wiederum Akten des Hofmarksgerichts von Wolfersdorf bestätigen: Am heiligen Mariä Himmelfahrtstag 1756, mitten in der Erntezeit, haben im Wirtshaus zu Wolfersdorf wider das Verbot der Lange Schneider und der Mesner zu Gundertshausen zum Tanz gespielt. Jeder Musikant muß 34 kr Strafe zahlen. Die Tänzer zahlen den gleichen Betrag. Mit den Gerichtsgebühren kommt die Sache für den einzelnen auf 38 kr.[19]

Tanzmusik um 1930

Meine Mutter, Jahrgang 1905 und von Beruf Näherin, hat zahlreiche Kammerwagen gefertigt und kam von daher auch viel auf Hochzeiten und, da sie eine gute Tänzerin war, auch auf Tanzmusiken. Oft hat sie es erzählt wie es auf dem Tanzboden etwa zwischen den beiden Weltkriegen zuging. Kein Mädchen, ob Bauerntochter oder Magd, ging damals allein aus. Die jungen Leute aus einem Dorf zogen in Gruppen gemeinsam zum Tanzen, wobei freilich manches Mädchen einen Burschen hofieren musste, dass er sie mitnahm. Auf dem Tanzboden standen die Mädchen meistens allein in einer Ecke. Boshafter Weise wurde dazu gescherzt, dass sie dort „die Bretter niederhalten müssten". Die Burschen saßen zunächst allein an den Tischen. Spielte die Musik, holten sie sich die Mädchen, „no nei untan Haufa", hieß es bei den Burschen. Während des Tanzens war das „Abklatschen" allgemein üblich. Auf den Spruch hin „lass mi ablösen" wechselten die Tanzpartner häufig. Wollte ein Bursch seine Tänzerin nicht freigeben, kam es nicht selten zu Raufereien. Hatte der Bursch einen Anstand, nahm er das Mädchen nach dem letzten Tanz mit an den Tisch und ließ es aus seinem Bierkrug trinken. Auf diese Weise kamen die Mädchen doch noch an manchen Tisch. Selbstverständlich wurde der Heimweg auch wieder gemeinsam angetreten.

Ferdinand Anneser aus Tegernbach erzählt

Während in der Mitte des 19. Jahrhunderts noch der Bockpfeifer und der Geiger zum Tanz aufspielten (siehe oben), entstanden in der Hallertau zu Beginn des 20. Jahrhunderts vielerorts Blaskapellen, die Festlichkeiten, Hochzeiten und Tanzveranstaltungen musikalisch begleiteten. Der wirtschaftliche Aufschwung nach dem Jahr 1848 ermöglichte auch die Anschaffung von Musikinstrumenten und der Dienst beim Militär vermittelte oft den Umgang mit Trompete, Bass und Trommel. In der Hallertau wurde plötzlich musiziert und gesungen. Stellvertretend für viele Musikgruppen darf deren Wirken am Beispiel von Tegernbach dargestellt werden.[20]

In Tegernbach wurde von jeher gerne musiziert und gesungen. Es bestand auch eine eigene Musikkapelle, die schon vor dem Ersten Weltkrieg existierte. Ein bekannter Sänger und Musikant war Ferdinand Anneser. Sein Vater war zu seiner Militärzeit bei den „Schwolisches" (Cheveauxleger) und spielte die Trompete. Ferdinand hat Klarinette und Trompete gelernt und schon mit 18 Jahren zusammen mit einem Knopfharmonikaspieler im Gasthaus gespielt. Zusammen mit seinem Bruder Isidor hat er 40 Jahre lang bei der Kapelle Anneser gespielt.

Die Kapelle spielte vorwiegend zum Tanz, und zwar als Blasmusik in der Besetzung mit zwei Klarinetten oder Klarinette und Trompete, zwei Begleitern und Bass. Auch Streichmusik wurde in der Besetzung mit zwei Violinen, einer C-Klarinette, Begleitung und Bassgeige gespielt. Es wurde entweder Blas- oder Streichmusik gemacht, nie beides an einem Abend; eine feine Gesellschaft bestellte sich Streichmusik. Gespielt wurde meist auswendig, Noten nahm man nur bei sehr ausgefallenen und selten verlangten Bairischen oder „wenn oam s`Hirn moi wieda obgfoin is". Eine Tanztour bestand aus drei Tänzen. Der „Noglschmied" (siehe oben) wurde neunmal hinaufgespielt, dann wurden 30 Pfennig kassiert und bei neun Drehern beginnend wurde wieder heruntergespielt. Bei Tänzern und Musikaten „is danach s`Hemad pritschnass gwen".

Es bestand auch Kontakt zu anderen Kapellen, von Tegernbach aus besonders zu den Leibersdorfern, deren Leiter Blasius Ostermeier die Annesers auch förderte. Beziehungen bestanden auch zu den Kapellen Schranner in Nandlstadt und Harrieder in Mainburg.

Zum Spielrepertoire gehörten Märsche, Ländler, Walzer, Bairische (ca. 60 verschiedene), Mazurka, Schottisch, Polka, Rheinländer (z.B. Bummelpetrus, O Susanna), Deutsche Dreher, Polonaise, Francaise (Frasä), Lieder (z.B. Gaisenmarkt).

Nach dem Zweiten Weltkrieg betrug der Verdienst für sechs Mann insgesamt 90 Mark pro Abend. Gespielt wurde zum Kathreintanz, zum Erntedank, zu Hochzeiten und zu Vereinsbällen, Freitänze gab es nicht.

Auch die Tanzbodenbräuche sind noch in Erinnerung. Eine Tanzmusik begann um 3 Uhr nachmittags und endete um 24 Uhr. Es wurde Eintritt verlangt. Zu vorgerückter Stunde wurde gegen gesonderte Bezahlung gespielt, Tänzer „schafften an" und zahlten. Schaffte niemand an, wurden die Tänzer von den Musikanten getratzt: „So scheene Leit und koa Geld!" Zu Beginn wurde eine Polonaise gespielt, auf besseren Veranstaltungen im Verlauf des Abends auch der „Frasä". Eine Tour bestand aus drei Tänzen. Wurde angeschafft, kosteten drei Bairische eine Mark. Meist wurden absichtlich schwere und ausgefallene Bairische bestellt, einmal um die Musik zu prüfen und zum andern um das eigene Tanzkönnen zeigen zu können. Im Tanzsaal waren keine Tische aufgestellt, in der Pause ging man in die Stube wo jedes Dorf einen eigenen Tisch hatte, auf dem nicht selten ein Fass Bier stand. Nach dem Ende der Tanzmusik gingen die Musikanten in die Wirtsstube, wo noch die gestandenen Mannsbilder saßen und der Musik gegen Bezahlung Märsche und Lieder „anschafften".

Tanz am Beginn des 21. Jahrhunderts

Schon nach dem Zweiten Weltkrieg änderten sich die Gepflogenheiten. Die jungen Leute aus den Dörfern gingen zwar immer noch gemeinsam zum Tanz, sie setzten sich aber gleich alle an einen Tisch. Da Tanzveranstaltungen die beste Gelegenheit zum „Anbandeln" waren, sah man bald Paare und man wusste wer zu wem gehört.

Seit etwa den 60iger Jahren änderte sich das Verhalten der Jugend im allgemeinen und die Tanzveranstaltungen im bisher gewohnten Stil wurden weniger. War früher das Tanzen während der Ernte- und Fastenzeit ganz untersagt, wird nun plötzlich das ganze Jahr hindurch getanzt; aber nicht etwa auf den traditionellen Tanzveranstaltungen wie Faschingsbällen, förmlichen Tanzmusiken auf dem Tanzboden beim Wirt oder bei Hochzeiten, sondern in Discotheken. Zum Tanz spielt nicht etwa eine Blaskapelle alter Prägung, die Musik kommt von Schallplatten und den sogenannten CD`s in einer früher völlig unvorstellbaren Lautstärke.

Volkstanz heute

So mancher Verein, der sich der Brauchtumspflege verschrieben hat und der die Hallertauer Tracht pflegt, widmet sich auch dem Volkstanz. In gesonderten Kursen lassen sich Jung und Alt schulen. Bei besonderen Anlässen und eigenen Tanzveranstaltungen wird dann nach Art der Väter getanzt. Dass dies wieder möglich ist, verdanken die Volkstanzfreunde wiederum Sammlern und Forschern. Einer der namhaftesten war Anton Bauer (siehe nachfolgend). Wolfgang A. Mayer und Dagmar Held vom Institut für Volkskunde haben 1988 Teile der Hallertau bereist, alte Musikanten befragt und nach deren Aussagen und Notenmaterial auch Volkstänze aufgezeichnet. Der Bayerische Landesverein für Heimatpflege e.V. hat das Ergebnis im „Exkursionsbericht Holledau" zusammengefasst.[21] Mit freundlicher Genehmigung werden daraus stellvertretend für die große Anzahl von Volkstänzen beispielhaft einige speziell im Hallertauer Raum verbreitete Tanzweisen und Beschreibungen wiedergegeben.

„Auf geht`s zum Frasä"

war die Aufforderung an die Tänzer bei vielen Hochzeiten und Bällen. Der „Francaise", getanzt nach der Fledermaus-Quadrille von Johann Strauß, wurde bald zum anspruchsvollsten aber auch zum beliebtesten Volkstanz. Der Tanz besteht meist aus bis zu sechs Touren und wird regional mit geringen Unterschieden getanzt. Ein Tanzmeister gibt das Kommando und gibt auch eine Tanzbeschreibung. Das hört sich dann z.B. folgendermaßen an: „Herr und Dame in der Mitte zum Knicks"; die Paare gehen in Rheinländerfassung zur Mitte, begrüßen sich (zunicken bzw. leichter Knicks der Damen), dann rückwärts zum Ausgangsplatz zurück).

Bauernmadl

angegeben von Max Fröschl aus Adlhausen bei Langquaid. Die Tänzer nehmen in gewöhnlicher Tanzfassung Aufstellung zueinander.

"Beim Vürfleck ... , beim Arsch Weg ...", diese Figur ergibt sich beim „Zipfl Adam."

Takt 1-2   zwei Seitstellschritte in Tanzrichtung
Takt 3-4   zwei Galoppschrittte und ein Seitschritt in Tanzrichtung
Takt 5-6   zwei Seitstellschritte gegen Tanzrichtung
Takt 7-8   zwei Galoppschritte und ein Seitschritt gegen Tanzrichtung
Takt 9-10   ein Seitstellschritt und ein Seitschritt in Tanzrichtung
Takt 10-12 ein Seitstellschritt und ein Seitschritt gegen Tanzrichtung.

Als Nachtanz folgt ein Walzer in gewöhnlicher Tanzfassung. Gelegentlich wird dazu gesungen: „Bauanmadl schwimmen üban See und wenn sie nimma schwimma kenna, reckan`s d`Arsch auf d`Höh."

Kikeriki

Angegeben von Sebastian Hüttenkofer, Schierling.
Gewöhnliche Tanzfassung zueinander.

Takt 1-2   drei Galoppschritte und ein Seitschritt in Tanzrichtung.
Takt 3-4   mit Innenfüßen dreimal stampfen
Takt 5-6   drei Galoppschritte und ein Seitschritt gegen Tanzrichtung.
Takt 7-8   mit Außenfüßen dreimal stampfen
Takt 9-10   zwei Nachstellschritte in Tanzrichtung
Takt 11-12 Zweischrittdreher oder „Walzer"
Takt 13-16 wie Takt 9-12.

Tanzlied auf den ersten Melodieteil (Takt 1-8):

Madl mogst denn gor net, gor net, bumberumbumbum,
host denn gor koa Hor net dro, um die Bumpl rum!
Madl mogst den gor net, gor net, kikerikiki,
an Gockl brauchst ja du net macha, ja den mach scho i!
(Strophe 2 ist mir von meiner Mutter überliefert.)

Zipfl Adam

ist der Titel eines Volkstanzes, bei dem es recht lustig zugeht. Er ist in dieser Fassung angegeben von Josef und Pauline Weidenauer aus Schierling. Man steht sich zu Beginn ohne Fassung gegenüber.
I.
Takt 1   zueinanderbeugen („mit`m Kopf z`am"), dann Drehung um 180° und
Takt 2   auseinanderbeugen („mit`m Arsch z`am"), dann zurückdrehen
Takt 3-4 wie Takt 1-2.
II. als Nachtanz folgt „Walzer" in gewöhnlicher Tanzfassung.

Ergänzung: Beim „Verbeugen auseinander" ist es ein besonderer Spaß sich mit dem Hintern zu stoßen. Tanzlied auf den ersten Teil der Melodie:

Zipfe Adam, zwick s'Loch zsam,
drei Jahr lang, mit da Beißzang!
Zipfe Adam, zwick s Loch zsam,
zwick s wieda auf, kriagst an Rotlauf!
An anderen Orten hieß es auch:
„*Beim Vürfleck ..., beim Arsch weg."*

FORSCHER, SAMMLER UND INTERPRETEN

Im Frühjahr 2000 hat der Bezirk Oberbayern in Seeon (nähe Chiemsee) ein Volksmusikarchiv eröffnet. Lange bevor der Staat hier eine zentrale Einrichtung schuf, haben sachkundige und heimatbewusste Leute Volkslieder und Musik gesammelt und damit einen Teil unserer Volkskultur erhalten. Die Familie Eberwein ist dafür ein Beispiel. Weitere werden, soweit sie sich der Hallertau widmeten oder dafür von Bedeutung sind, kurz vorgestellt:

Anton Bauer, Volkstanzforscher

Anton Bauer (1893-1950) gehört zu den ersten und bekanntesten Volkstanzforschern Bayerns.[22] Er war von 1931 bis zu seinem Tod 1950 Musiklehrer am Dom-Gymnasium Freising. Neben mehreren musikpädagogischen Veröffentlichungen komponierte er Heimatlieder und Märsche. Seine ganze Liebe aber galt dem Volkstanz. In zahlreichen praktischen Tanzheften gab er hunderte von Zwiefachen aus dem Bayerischen Wald und der Hallertau weiter.

Andreas Schranner, der Volksmusiker

Der Schranner Anderl aus Nandlstadt hat über 40 Jahre das musikalische Leben in der südlichen Hallertau geprägt.[23] Der Musikmeister der „Kapelle Schranner" hatte weitum den besten Ruf als Tanzmusiker, aber auch als Unterhaltungs- und Kirchenmusiker. Seine musikalische Ausbildung erhielt er von 1902-1905 beim Militär. Der vielseitige Musiker spielte Trompete, Klarinette, Geige, Zugposaune, Kontrabass und Bumbardon.

Der Schranner Anderl hat zahlreiche Melodien per Hand niedergeschrieben und auch Noten für kleine Blasmusik, Streich- und Schrammelmusik, für Orchester und Militärmusik arrangiert. Selbstverständlich standen dabei Lieder und Weisen, die in seiner Heimat, in Nandlstadt bekannt waren, im Mittelpunkt.

Georg Reindl, Volksmusikforscher

Dem gebürtigen Nandlstädter wurde wohl von seinen Eltern die Neigung zur Volksmusik in die Wiege gelegt. Er ist Lehrer an der Musikschule Erding.[24] Seine Liebe gilt der praktischen Volksmusik und der Erforschung der Volksmusik in der Hallertau und im Raum Freising. So hat er in unermüdlichem Fleiß die Nachlässe des Schranner Anderl (siehe dort), des Moosburger Stadttürmers und Kapellmeisters Quirin Schwaiger, des Ziehharmonika-Spielers Andreas Brunner, der Musikkapelle Gumberger aus Volkmannsdorferau und anderer Volksmusiker aufgespürt und bearbeitet.

Der Roider Jakl, Volks- und Gstanzlsänger

Jakob Roider wurde 1906 als 16. Kind einer Kleinbauernfamilie in Weihmichl (Landkreis Landshut) am östlichen Rande der Hallertau geboren und war bis zu seiner Pensionierung am Forstamt Freising tätig, wo er 1975 verstarb.[25] Schon früh zeigte sich sein musikalisches Talent. Bereits 1931 war er zusammen mit seinem Bruder Wastl (1901-1991) beim Niederbayerischen Preissingen dabei. Bald war er auch im Rundfunk zu hören. Mit seinen politischen und teils kritischen Gstanzl wurde er ein in ganz Deutschland populärer Volkssänger.

Die Geschwister Laschinger und die Ampertaler Kirtamusi

Hans und Renate Laschinger sowie Brigitte Geisenhofer sind seit vielen Jahren ein bekanntes Volksmusiktrio. Hans Laschinger, schwer Sehbehindert, war auch maßgeblich an der Gründung der „Ampertaler Kirtamusi" beteiligt. Sie trat 1975 erstmals öffentlich auf und pflegt seither vor allem Volkstänze. Hans Laschinger war es auch, der als erster die Schranner-Noten aufgestöbert und nach ihnen gespielt hat.

Literatur: R. Goerge: Landkreis Freising, 10 Jahre Kulturpreis Freising, 1991.

Die Nandlstädter Sänger und die Wirtsdirn vo Haslbach

Unter diesem Namen singen seit 1951 Fritz Birkner, Hans Bügl, Otto Hutter und Karl Stöber, zur Aushilfe auch Otto Siebenbürger und Sepp Schranner.[26] Entdeckt und gefördert hat sie der Zahnarzt Dr. Ludwig Eiferdinger. Schon 1956 wurde der Bayerische Rundfunk auf die Sänger aufmerksam, die in der Folge vielen Zuhörern mit echten Hallertauer Liedern Freude bereiteten. Zu einem ihrer Paradestücke gehört die „Wirtsdirn vo Haslbach". Wegen ihrer Verdienste um die Volksmusik ehrte sie der Landkreis Freising im Rahmen des Kulturpreises 1987 mit einem Anerkennungspreis.

Die Nandlstädter Sänger mit v.l. Fritz Birkner, Sepp Schranner, Karl Stoeber und Hans Bügl.

Abenstaler, Musikkapelle aus und für Mainburg und Umgebung

Während es vor dem Ersten Weltkrieg die „Mainburger Blaskapelle" war, die für Mainburg und Umgebung für den „guten Ton" sorgte, wurde 1952 unter der Patenschaft des Verkehrsvereins die Hallertauer Knabenkapelle gegründet. Unter Kapellmeister Adolf Stauter, der selbst komponierte und arrangierte, wurden viele junge Leute vor allem in Blasmusik ausgebildet. Heute sorgen wiederum eine Stadtkapelle und eine Musikschule der Stadt für die musikalische Ausbildung der Jugend.

Aus der Hallertauer Knabenkapelle gingen soviele gute Musiker hervor, dass sich im Laufe der Zeit bald eine eigenständige Blaskapelle bildete, die unter dem Namen „Abenstaler" Festlichkeiten aller Art begleitet und gestaltet.

Dr. phil. Maximilian Seefelder M.A., Bezirksheimatpfleger von Niederbayern

Maximilian Seefelder entspricht genau dem Profil dieses Abschnittes: Er ist auf dem Gebiet der Kultur u.a. in der Hallertau Forscher, Sammler und Interpret zugleich. 1959 in Siegenburg/Hallertau geboren, hat er das Musizieren schon 1975 bei den Siegenburger Musikanten begonnen, spielte und sang von 1980 bis 1999 bei den Dellnhauser Musikanten bzw. bei der Gesangsgruppe Eberwein und war auch lange Zeit beim Tanzorchester EMzwo (Eberwein Michael zwei) aktiv. Daneben hat Maximilian Seefelder bei BR-Stu-

dioproduktionen und Tonträger-Einspielungen mitgewirkt. Seit dem Jahr 2004 ist er wieder musikalisch tätig, u.a. in dem nach ihm benannten Quintett.

Maximilian Seefelder hat sich durch eine fundierte Ausbildung, u.a. Abitur am Anton Bruckner Gymnasium Straubing, Studium der Volkskunde und Musikwissenschaft an der Universität Regensburg, Aufbaustudiengang Denkmalpflege an der TU München und schließlich durch das Promotionsstudium an der Universität in Wien umfangreiche Kenntnisse auf den Gebieten der Kulturwissenschaften erworben. Von daher ist er für das Amt des Bezirksheimatpflegers des Bezirkes Niederbayern geradezu prädestiniert. Daneben ist er seit 1983 freier Mitarbeiter beim Bayerischen Rundfunk, gibt sein Wissen in Sendungen und Manuskripten zu kulturhistorischen Themen an die Hörer weiter und schreibt für verschiedene Fachzeitschriften. Ein Lehrauftrag an der Uni Passau, die Erarbeitung von Kulturprojekten sowie der Anstoß, die Projektleitung und die Verfassung von Begleitheften zu vielen CD-Produktionen (u.a. zum Wirken des Roider Jackl) runden sein breites Spektrum und Betätigungsfeld ab.

DIE HALLERTAU IN THEATER UND SINGSPIEL

Es ist verständlich, dass die Hallertau mit ihrer Tradition und der mit dem Hopfen in Zusammenhang gebrachten Romantik sowie mit dem Ruf als Land der Schelmen und Rossdiebe auch das Interesse von Schriftstellern und Komponisten fand. Neben zahlreichen Heimatbüchern schlug sich ihre Arbeit vornehmlich in einigen Theaterstücken und in einem Singspiel nieder. Die Anzahl ist im Vergleich zu den vielen Volkstheaterstücken mit alpenländischem Inhalt und Hintergrund verhältnismäßig bescheiden, doch von solch solidem Inhalt und gediegener Aufmachung, dass sie nie zu Kitsch und Allerweltsgaudi abgerutscht sind. Soweit sich ihrer Fernsehen und Film angenommen haben, zählen sie heute noch zu Klassikern bayerischer Volkskultur.

Die Darstellung des "Holledauer Fidel" durch die Liedertafel Au i.d. Hallertau, 1989.

„Der Holledauer Fidel", ein Singspiel

Dieses Singspiel entstand in Passau: Sowohl der Komponist Erhard Kutschenreuter als auch der Librettist Franz Josef Scherrer wurden in Passau geboren und lebten dort oder in der Umgebung.[28] Die Leute aus Passau und dem Bayerischen Wald kamen vonjeher jährlich zur „Hopfazupf" in die Hallertau. Das dabei erlebte mag auch durchaus Inspiration für dieses Stück, das aus zwei selbständigen Teilen besteht, gewesen sein. Um die Liebesgeschichte zwischen der Tochter eines reichen Hopfenbauern aus der Hallertau und einem vermutlich ebenso reichen Bauernsohn aus dem Bayerischen Wald bzw. einem armen Hopfenzupferburschen ist viel lustiges Leben sowohl im Hopfengarten als auch bei den Holzknechten des Waldes gerankt. Aus nahezu allen Liedern und Melodien der Singspiele sind echte Volksklassiker geworden, die auch für sich oft und gerne gespielt werden. Der erste Teil, 1920 uraufgeführt, erfreute sich einer derartigen Beliebtheit, dass schon 1938 in der Passauer Nibelungenhalle die 3000. Aufführung über die Bühne ging. Schon 1922 wurde der „Fidel" auch durch die Liedertafel Au gespielt. Das Stück, wie für die Liedertafel Au geschrieben, wurde in Au i.d. Hallertau in der Folge dann noch dreimal aufgeführt, nämlich 1950, 1989 und 1999.

Walter Adam, Vollblut-Volksmusiker

Der Teil zwei wurde in Au 1996 aufgeführt. Auch die Liedertafel Moosburg hat sich in den 70iger Jahren und nun im Jahr 2000 dieses Stückes angenommen.

„Der Holledauer Schimmel" von Alois Johannes Lippl

Das bekannteste Theaterstück des im Landkreis Pfaffenhofen behei-mateten Schriftstellers Alois Johannes Lippl ist zweifellos der „Holledauer Schimmel". Um den den Hallertauern nachgesagten Diebstahl eines Schimmels rankt sich eine heitere Geschichte: Zwei Gemeinden sind seit vielen Jahren verfeindet. Der Grund für die Streitigkeiten ist schon fast nicht mehr bekannt, da kommen Bürgermeister und Brauereibesitzer der fingierten Gemeinden Haselbach und Banzing auf die Idee, mit gewissen Hintergedanken eine Versöhnung zu feiern. Der Friede wird zunächst mit Bier und Blasmusik gefeiert und soll schließlich noch mit einer Hochzeit der beiden Bürgermeisterskinder endgültig besiegelt werden. Doch noch ehe es zur Hochzeit kommt, bringt ein alter Bräubursch mit Hilfe eines Schimmels die Geschichte gehörig durcheinander. Nach vielen Szenen mit Raufereien und familiären Offenbarungen kommt es schließlich doch noch zu einem glücklichen Ende.

Dieses Stück wurde schon verfilmt, auch als Fernsehstück aufgenommen und wurde und wird von renommierten Laienbühnen der Hallertau immer wieder aufgeführt, in jüngerer Zeit durch die Laienbühne Freising und die Landjugend Osseltshausen.

Joseph Maria Lutz, ein Hallertauer Poet mit bayernweiter Anerkennung

Joseph Maria Lutz wurde am 5. Mai 1893 in Pfaffenhofen a.d. Ilm geboren und wurde Diplom-Landwirt.[29] Nach einer Kriegsverletzung, die ihn an der Ausübung seiner angestammten beruflichen Tätigkeit hinderte, widmete er sich seiner Liebhaberei, dem Schreiben. Schon mit dem Roman „Der Zwischenfall" und „Baierisch, was nicht im Wörterbuch steht", wurde er einem größeren Kreis bekannt. Seine Bühnenwerke „Der Geisterbräu", „Birnbaum und Hollerstaudn", „Die Pfingstorgel" und seine Fassung „Der Brandner Kaspar schaut ins Paradies" wurden auf deutschen und österreichischen Bühnen immer wieder gespielt und durch Funk und Fernsehen überaus bekannt. Zusammen mit Josef Eberwein hat er vielen Fragmenten alter Lieder zu echten Hallertauer Volksliedern verholfen. Von Lutz stammt auch der Text zur Bayernhymne „Gott mit Dir Du Land der Bayern... ."

LSK-Theater Mainburg

Hervorgegangen aus der Kath. Jugendbewegung gibt es in Mainburg seit dem Jahr 1968 ein der langen Tradition des Laientheaters in der Hopfenstadt verpflichtetes Amateurtheaterensemble. Gegründet von Columban Meier, Pater bei den Kapuzinern, wurde der Laienspielkreis St. Salvator bald überregional bekannt. Sein breitgefächerter Spielplan umfasst neben dem klassischen bayerischen Volksschauspiel das zeitgenössische Dialektdrama, Schauspiele der modernen Theaterliteratur, Boulevardkomödien sowie Kinder- und Jugendtheater. Besondere Beachtung fanden jeweils die Eigenproduktionen aus der Feder des Mainburgers Georg Harrieder, wie zum Beispiel „Der Knecht Dismas" (1994) und „Don Camillo und Peppone" (2002). Die Aufführungen finden im professionell ausgestatteten Theatersaal im Alten Gymnasium in Mainburg statt.

Hallertauer Spielgruppe Nandlstadt, ein ländliches Ensemble mit Niveau

Diese im Jahr 1982 gegründete Theatergruppe spielt mit viel Erfolg gehobene Volksstücke, und zwar im Saal des Gasthauses Schapfl in Alt-

Szene aus „Binbaum und Hollerstaudn", Theaterspielkreis Pfaffenhofen 1999.

LSK Mainburg, Szene aus „Don Camillo und Peppone" mir v. l. Alfred Reiser, Heidi Mirlach, Ferdinand Kürmaier, Martin Altmann, Bernd Friede u. Werner Dotzauer.

Hallertauer Spielgruppe Nandlstadt, Szene aus „Hinterkaifeck" mit v. l. Dina Eichhorn, Rita Urban, Hans Bauer, Gottfried Landes u. Jennifer Urban.

Das Kabarett „Stachelbär" mit v. l. Roland Andre, Michael Eberle, Volker Bergmeister, Claus Drexler u. Brigitte Moser. Sie werden in der Regel begleitet von Thomas Lechleuthner am Piano (nicht auf dem Bild)

Die Auer Geigenmusi in der Besetzung wie sie im Jahr 2006 den Kulturpreis des Landkreises Freising erhielt mit v. l. Sepp Winter, Herbert Klessinger, Ludwig Ossiander (+), Karl Schmid und sitzend v. l. Andrea Strohschneider und Barbara Prügl.

falterbach. Mit großem Erfolg wurden bisher u. a. aufgeführt „Der Brandner Kaspar und das ewig' Leben" in der Fassung von Kurt Wilhelm (2000) und „Hinterkaifeck" von Reinfried Keilich (2006).

Die Auer Geigenmusi, eine vielseitige Gruppe

Auf Initiative der Volkshochschule Au i.d. Hallertau (Leiter seit mehr als 20 Jahren Georg Rock) fanden sich 1981 vier Musiker zusammen und gründeten eine Musikgruppe. Die Anfangsbesetzung bestand aus zwei Geigen (Ludwig Ossiander, Ludwig Fichtner), einer Bassgeige (Ernst Hofmann) und einer Gitarre oder einer Diatonischen (Karl Schmid). Die Gruppe eignete sich bald ein umfangreiches volksmusikalisches Repertoire an, aus dem sie bei zahlreichen Gelegenheiten, u.a. bei bisher über 25 Hoagartveranstaltungen in Reichertshausen, schöpft.

Kleinkunstbühne Unterpindhart, Lkr. Pfaffenhofen

Dass die Hallertauer auf dem Gebiet der Kultur keine „Ewig-Gestrigen" sind sondern durchaus auch neue Wege gehen, das beweist die Kleinkunstbühne Unterpindhart. In dem zwischen Mainburg und Geisenfeld gelegenen Ort haben der dortige Gastwirt Karl Rockermeier und Hannes Hetzenecker, geschäftsleitender Beamter im Rathaus Geisenfeld, eine Kleinkunstbühne gegründet. Dort tritt neben bekannten Künstlern aus der Münchner Kabarettszene (Günter Grünwald, Werner Schmidbauer, Herbert und Schnipsi u.a.) auch das Hallertauer Kabarett Stachelbär auf. Die aus Pfaffenhofen stammenden Künstler nehmen mit schrägem Wortwitz und pfiffiger Situationsko-

mik zu aktuellen Themen Stellung und haben damit weit über ihre Heimat hinaus Anerkennung gefunden.

Auf dieser Bühne wird auch alljährlich der "Hallertauer Kleinkunstpreis", gestiftet von der Hallertauer Volksbank, vergeben. Der Kleinkunstpreis gibt allen Talenten der Region und darüber hinaus die Möglichkeit, sich mit ihren Darbietungen einem kritischen Publikum zu stellen. Hierbei wurden schon viele Talente gefördert.

Quellenangaben:

1 Hazzi, Joseph: Statistische Aufschlüsse über das Herzogtum Baiern aus echten Quellen geschöpft.
2 Benker, Sigmund: „Kunst im Hopfenland Hallertau" in Bayerland 1956.
3 Wie Nr. 2.
4 Geramb in „Volksmusik in Bayern", 1978.
5 Riehl W.H.: Die Idee der Familie, 12. Auflage, 1904.
6 Schmidkunz, Walter: Das leibhaftige Liederbuch.
7 Brückl, Josef: Moral in Oberbayern 1752 im Münchner Merkur, 11.9.1971.
8 Hubensteiner, Benno: Bayerische Geschichte.
9 Prechtl, Dr. Johann B.: Urkunden aus dem Schloßarchiv zu Au i.d. Hallertau.
10 Wie Nr. 9.
11 Eberwein, Josef: Lieder und Zwiefache, das Holledauer Liederbuch.
12 Widmann, Adolf: Chronik von Wolfersdorf mit einem Beitrag zur Gerichtsbarkeit des 18. Jahrhunderts von Josef Brückl, 1983.
13 Horak, Karl: Die Zwiefachen in: Sänger- und Musikantenzeitung 27/1984.
14 Goerge, Rudolf: Tausend Jahre Volksmusik im Freisinger Land, Katalog zur Ausstellung, 1994.
15 Mayr, gesammelte Generalien, Bd. 4, S. 623/624.
16 Schmeller, Andreas: Bayer. Wörterbuch, Bd. I/1190.
17 StAM, Br.Pr. Moosburg 645.
18 Lipowski, Friedrich Felix: Darstellung des socialen und wirtschaftlichen Volkslebens des Kgl. Landgerichtes Moosburg, 1861.
19 Wie Nr. 12.
20 Exkursionsbericht Holledau herausgeben vom Bayer. Landesverein für Heimatpflege e. V., 2. Auflage 1993.
21 Wie Nr. 20.
22 Wie Nr. 14.
23 Wie Nr. 14.
24 Wie Nr. 14.
25 Wie Nr. 14.
26 Goerge, Rudolf: Landkreis Freising Kulturpreis.
27 Wie Nr. 26.
28 Reimeier, Karl-Heinz: Erhard Kutschenreuter, der niederbayerische Marschkönig, 1989.
29 Völkl, Dr. Georg: Harte Zeiten.

DAS BRAUCHTUM IN DER HALLERTAU

allfahrt
ch
ötting

uf die Frage, wie eine Festlichkeit oder ein bestimmter „Anlaß" (Angelegenheit) zu gestalten ist, antwortet der Hallertauer heute noch gerne: „So wie's der Brauch is". Er meint, so wie's immer war. Damit ist zumindest demjenigen geholfen, der sich in der Vergangenheit, in Sitte und Brauchtum, auskennt. Sitte und Brauchtum sind jedoch auch einem Wandel unterworfen; vieles ist bereits endgültig vorbei und manches lieb gewesene Zerimoniell steht kurz vor dem Absterben. Im nachfolgenden Kapitel wird auf das in der Hallertau allgemein übliche Brauchtum eingegangen, und zwar dem Jahreslauf folgend, jedoch ohne die speziellen bäuerlichen Arbeiten und ohne örtlich eng begrenzte Gebräuche. Wenn auch von Ort zu Ort kleine Unterschiede gegeben sein mögen, so gilt das Grundsätzliche doch für die ganze Hallertau. Wo es sich anbietet, wird auch auf den Umgang mit dem Brauch in der heutigen Zeit eingegangen.

NEUJAHR UND HEILIGDREIKÖNIG

Auch in der Hallertau war es Brauch, das neue Jahr „anzuschießen". Wer ein Gewehr hatte, schoss damit gegen Mitternacht in den Himmel. Damit sollte das neue Jahr begrüßt werden. Geschossen wird heute wenig, dafür werden in der Sylvesternacht um so mehr Knall- und Feuerwerkskörper in die Luft gejagt.

Das althergebrachte und vermutlich in ganz Altbayern übliche Brauchtum zu Heiligdreikönig (6. Januar), hat sich im wesentlichen bis auf den heutigen Tag erhalten. Am Vorabend findet in der Kirche die Dreikönigsweihe statt, wobei die für das traditionelle Ritual erforderlichen Utensilien, nämlich Wasser, Weihrauch und Kreide, gelegentlich auch Salz, gesegnet werden. Noch am Vorabend gibt die Hausfrau Glut aus dem Ofen auf die blecherne Kehrrichtschaufel und streut Weihrauch darüber. Damit werden die Wohnung und der Stall ausgeräuchert, wobei je nach Örtlichkeit auch Weihwasser gesprengt und Salz gestreut wird. Am Dreikönigstag selbst besuchen dann die hl. drei Könige, meist dargestellt von den Ministranten der Pfarrei, jedes Haus, sprechen an der Türe einen Spruch und schreiben dann mit der Kreide die Jahreszahl und Kreuze sowie die Buchstaben C M B (Christus Mansionem Benedicat = Christus segne die Wohnung) an die Türe. Die Hausleute geben danach eine Gabe für die Weltmission. Wo die Ministranten nicht kommen, schreibt die Hausfrau die Zeichen selbst an die Türe.

Das Brauchtum wird zum Unfug

Wie eng die Grenzen zwischen Brauchtum und Unfug beieinander liegen, beweist eine Beschwerde, die der Reichertshauser Pfarrer und Hallertauer Heimatforscher Dr. Johann B. Prechtl im Dezember 1871 wegen des Schießens an Weihnachten und des Dreikönigssingens an das Bezirksamt Freising gerichtet hat. Er schreibt.:

"In der Hallertau gibt es besonders zwei Unfuge, deren Abstellung zwar von Jedermann auf das eifrigste gewünscht, von niemanden aber zur Anzeige gebracht wird, weil wenige befähigt sind. Es ist dies das Schießen zu Weihnachten und am neuen Jahr und das hl. Dreikönigsaussingen am Vorabend des Dreikönigsfestes.

Was das Schießen betrifft, so beginnt das selbe am 24. Dezember abends und wird ununterbrochen fortgesetzt bis zum Hauptgottesdienst an Weihnachten. Nicht nur, dass die nächtliche Ruhe gänzlich gestört wird, sind auch die Unglücksfälle, die aus diesem unsinnigen Schießen entstehen, sehr häufig, was an sich aber Niemand stört und so ist dieser Unfug förmlich eingebürgert und wird als wesentlicher Bestandteil der Weihnachtsfeiertage betrachtet.

Noch ärger geht es am Vorabend von hl. Dreikönig. Groß und klein, alt und jung, verheiratet und ledig, reich und arm - alles läuft in der Hallertau bis in die Mitte der Nacht herum, um sein Gejohl 'die hl. drei König mit ihrem Stern' bei jedem Haus neu zu beginnen und solange fortzusetzen, bis eine hinreichende Gabe zum Fenster hinaus verabreicht wird. Es ist schon vorgekommen (u. der Unterzeichnete hat es selbst gehört), wie an diesem Abend ein besoffener Junge von 6 Jahren auf die Frage, was er werden wolle, die kurze und bündige Anwort gab: 'ein Lump'.

Zwar hat der Unterzeichnete die Sitten und Gebräuche der Hallertauer hinreichend gekennzeichnet und gegeiselt. Das gedruckte Wort ist aber an diesem Bauernvölklein spurlos vorüber gegangen. Möge es daher dem kgl. Bezirksamte gefallen und gelingen, zwei Unarten abzustellen, welche zur Verwilderung des gemeinen Volkes nicht wenig beitragen."

Über die Reaktion des Bezirksamtes ist nichts bekannt.

MARIÄ LICHTMEẞ

An Mariä Lichtmeß (2. Februar) war auf den Bauernhöfen das große Ein- und Ausstehen von Knechten und Mägden, d.h., der Beginn oder die Beendigung eines Dienstverhältnisses. Es war auch der Tag, an dem die Dienstboten ihren Jahreslohn erhielten. Der Arbeitsvertrag zwischen dem Bauern und seinen Dienstboten wurde durch die Annahme des Dinggeldes abgeschlossen und durch Handschlag bekräftigt.

Schlenkeltage

In den Tagen um Lichtmeß gönnten sich der Bauer und sein Gesinde etwas Erholung durch die sogenannten Schlenkeltage. Als Schlenkeltag galten der Dienstag, Donnerstag und Samstag.[1] War die Witterung günstig für das Eisstockschießen, so schoben die Männer auch an anderen Tagen einen Schlenkelnachmittag ein. Die Weiberleut trafen sich in einer Wohnstube im Hoagarten zu einem Ratsch. So ganz frei von Arbeit waren die Schlenkeltage natürlich auch wieder nicht, denn das Vieh musste früh, mittags und abends versorgt werden.

Auch Bauernarbeit kann Freude machen: Maria Bauer, Reichertshausen, ein Leben lang Dienstmagd.

die wichtigsten Vorschriften über das Gesindewesen. Danach war der Dienstbote dem Bauern gegenüber in erster Linie zur Treue verpflichtet und hatte den Anordnungen der Dienstherrschaft Folge zu leisten. Ausdrücklich war festgehalten, dass der Dienstherrschaft ein Züchtigungsrecht gegenüber dem Dienstboten nicht mehr zustand. Am Ende des Dienstverhältnisses hatte der Dienstbote ein Recht auf ein Zeugnis.

Übertritte und Strafen

Dienstboten, die ihre Arbeiten nicht ordnungsgemäß verrichteten, wurden dafür durchaus zur Verantwortung gezogen. Der Hofmarksrichter war mit Strafen schnell bei der Hand. So vor zweihundert Jahren auch bei Josef Kunstwadl, Dienstknecht beim Sellmayr zu Wolfersdorf, der sich unterstanden hat, seinen Bauern ungebührlich anzufallen und ihn mit Fäusten zu schlagen. Dieser hatte ihm nämlich angeschafft, „ein kürzeres Rossgsott zu schneiden". Dem Knecht wurde sein Verhalten nicht nur allen Ernstes verwiesen, er wurde daneben auch als strafbar angesehen, und zwar „mit zwölf konstitutionsmäßigen Karbatschenstreichen", das waren zwölf wohlangemessene Stockhiebe auf den verlängerten Rücken.[2]

Lichtmeß in kirchlicher Hinsicht

Auch im religiösen Leben war Mariä Lichtmeß ein bedeutender Feiertag, an dem der Darstellung des neugeborenen Gottessohnes im Tempel und der Reinigung Mariä gedacht wurden. Mit diesem Festtag schloss die Weihnachtszeit im engeren Sinn. An diesem Tag wurden in den Kirchen Kerzen gesegnet „zum Gebrauche der Menschen und zur Gesundheit des Leibes und der Seele für alle, seien sie zu Land oder zu Wasser". In den Familien wurde vor den gesegneten Kerzen gebetet. Die Kerzen waren in früherer Zeit so sehr von Bedeutung, dass sie an Lichtmeß in der Form der Wachsstöckl auch im bäuerlichen Leben eine Rolle spielten: Die Magd, die auf dem Bauernhof die Kammer der Knechte in Ordnung zu bringen hatte, erhielt zum Dank dafür vom Knecht ein Wachsstöckl.

Der Lohn

Beim Dienstantritt zu Lichtmeß achteten die Ehehalten streng darauf, dass die Ernte vom Vorjahr aufgearbeitet war, d.h., dass das Getreide ausgedroschen war. Höfe, die mit der Arbeit im Rückstand waren, wurden nach Möglichkeit gemieden. Beliebt hingegen waren Höfe, auf denen es gute Kost gab. In diesem Fall nahmen die Knechte und Dirnen auch einen geringeren Lohn in Kauf. In der Regel erhielt ein Knecht den Wert eines Rosses als Jahreslohn, die Dirn den Wert einer Kuh. Hinzu kamen noch Kleidungsstücke, Schürzen, Schuhe, Strümpfe und ein „Schawa" für den Knecht.

Rechte und Pflichten

Vor einhundert und noch mehr Jahren waren die gegenseitigen Rechte und Pflichten in bäuerlichen Bereichen bekannt, der Rossknecht oder die Felddirn wussten mit der Übernahme dieses Dienstes was sie zu tun hatten, bzw. sie wussten was ihnen zu tun zustand. Mit der Einführung von Gesetzen, etwa dem Bürgerlichen Gesetzbuch, wurden auch für diese Arbeitsverhältnisse allgemein gültige Regeln geschaffen. Noch zu Beginn des 20. Jahrhunderts gab die Regierung von Oberbayern, Kammer des Inneren, ein Dienstbotenbuch heraus. Dieses enthielt

DIE OSTERZEIT

Reich an kirchlichen und weltlichen Bräuchen war von jeher das Osterfest, die ersten hohen Feiertage im Bauernjahr.[3]

Der Palmsonntag

Zu den Vorbereitungen für das Fest gehörte es, schon bei Zeiten einen Palmbaum herzurichten. Das war in der Regel ein starker Ast von einem Weidenbaum, der in der Nähe eines jeden Bauernhofes zu finden war. Dies war die Arbeit des Oberknechtes. Vor dem Palmsonntag wurde der Ast noch mit Zweigen des sogenannten Segenbaumes (Juniperus-Art) geschmückt. Am Palmsonntag trugen dann die Buben den Palmbaum zur Weihe in die Kirche. Versteht sich, dass jeder der Buben den größten Palmbaum haben wollte. Heute sind die Palmbäume eher bescheiden, oftmals erspart sich der Bauer das Herrichten des Palmbaumes und kauft ihn vor der Kirche.

Die Kartage

Während der Karfreitag wegen der Grabesruhe ein stiller Tag war, ging es am Karsamstag wieder profaner zu. In der Nähe der Kirche wurde ein kleiner Holzstapel aufgerichtet und angezündet. Der Pfarrer segnete das Feuer. Vorausgehend war schon auf jedem Bauernanwesen ein sogenannter Brandstecken hergerichtet worden. Das war der meist armdicke Stiel des Palmbaumes, der an beiden Enden aufgespalten und mit Kienspänen versehen war. Durch die Aufbereitung sollte der Stecken leichter anbrennen aber nicht verbrennen, sondern nur etwas ankohlen. Für die Buben war das „Brandbrennen" immer mit Aufregung und Hektik verbunden. Den einen brannte es zu wenig, die anderen verzogen das Feuer über den halben Friedhof.

Der Ostersonntag

Der Ostersonntag brachte im Hinblick auf Brauchtum und Bedeutung noch eine Steigerung. Die Bäuerin richtete am Morgen in ein Körbchen Brot, Osterfladen, gefärbte Eier, Salz, Kren, Geräuchertes und das mit Puderzucker überzogene und mit einem Osterfähnlein ausgestattete Osterlamm. Die Dirn oder ein Kind trug es mit in die Kirche, wo der Pfarrer vor dem Hochamt die Weihe der mitgebrachten Speisen vornahm. Die Weihe der Speisen hat sich bis auf den heutigen Tag erhalten.

Nach dem Hochamt versammelte sich die gesamte Familie, einschließlich der Ehehalten um den großen Bauerntisch zum Ostermahl. Jede Person musste von jeder Weihegabe etwas essen. Selbst die Tiere im Stall bekamen ihren Teil ab. Jedes Ross bekam ein Stück Brot und den Kühen streute die Bäuerin geweihtes Salz in den Barren. Die Schalen der geweihten Eier wurden eingesammelt, denn sie wurden noch für die Felderweihe benötigt.

Nach dem Essen wurde zum wohl wichtigsten Teil des Osterbrauchtums, zur Felderweihe, geschritten. Unmittelbar davor mussten noch die Palmsträußchen gefertigt werden. Das war die Arbeit des Oberknechtes. Mit einem spitzen Messer durchstach er vom Palmbaum abgenommene Zweige und steckte in den Spalt ein Zweiglein vom Segenbaum, so dass der Strauß die Form eines Kreuzes erhielt. Der Brandstecken wurde in mehrere kleine Späne zerlegt. Sodann schritt die gesamte Familie noch vor 12 Uhr zur Felderweihe. Jedes Mitglied bekam eine Anzahl von Sträußchen nebst Spänen. Der Bauer selbst trug den Krug mit Weihwasser und die Oberdirn die Schalen der geweihten Eier. So ausgerüstet wurden zu Fuß die Äcker mit dem Speisengetreide aufgesucht. An jedes der vier Ecken eines Feldes wurde ein Sträußchen mit einem angekohlten Span in die Erde gesteckt, dazu wurden ein paar Eierschalen gestreut und Weihwasser auf die Saat gesprengt.

Auf dem Weg zur Felderweihe.

Am Nachmittag gab es für die Entbehrungen der Fastenzeit und für die Mitwirkung bei der Felderweihe den verdienten Lohn. Der Bauer lud die Familie sowie die Knechte und Mägde ins Wirtshaus ein. Bei Bier und guter Brotzeit kam in der Gaststube bald Stimmung auf, die sich bis zur Futterzeit, das ist die Zeit, zu der Knechte und Mägde zur Stallarbeit auf den Hof mussten, fortsetzte.

Am Abend kam die für die ledigen Burschen wichtigste, vielleicht auch schönste Zeit. Es ging darum, sich bei den Bauerntöchtern und Dirnen die roten Ei abzuholen. Die von den Hühnern am Karsamstag, Ostersonntag und auch am Ostermontag gelegten Eier gehörten den weiblichen Dienstboten und den Töchtern des Hauses. Es war für die Burschen Ehrensache, jedes Mädchen im engeren Gäu aufzusuchen und um das Osterei zu bitten. Es wäre einer Beleidigung gleichgekommen, wenn die Burschen ein Mädchen übersehen hätten. Nicht selten wurden beim nächtlichen Besuch auch zarte und manchmal auch dauerhafte Bande geknüpft. Seit die Dienstboten von den Höfen verschwunden sind, fällt die Felderweihe dürftiger, ja oft ganz aus. Das Einholen der roten Eier bei den Mädchen wird weiterhin gepflegt, aber mehr als Gaudi empfunden.

Der Maibaum in Schweitenkirchen, eine Zierde für den Ort.

DER MAIBAUM

Der Maibaum ist ein Symbol des Selbstverständnisses südbayerischer Dörfer. Gesicherte historische Belege dieser Tradition reichen bis zum 16. Jahrhundert zurück. Die Dokumente stellen meist einen grünen Stab dar, der Hoffnung und Zuversicht bedeuten soll. Er sagt zweierlei: Erstens, das Frühjahr kommt, und zweitens ist er ein Zeugnis für gemeinsames Handeln und Zusammenhalt im Dorf.

Im 19. Jahrhundert kam dem Maibaum in Bayern eine neue Bedeutung zu. Nach der Neugründung der Gemeinden um 1818 wurde er zum Zeichen des Selbstbewusstseins, gesetzt von nun freien Gemeinden, als

Symbol der Selbständigkeit. Von daher war es auch bald klar, daß Abbildungen von Kirche und Rathaus, von Handel und Handwerk auf dem Maibaum angebracht wurden. Der auch in der Hallertau übliche bayerische Maibaum war geboren. Ein so beliebtes und im Dorf verwurzeltes Symbol nutzte man auch im Dritten Reich zu Propagandazwecken. 1933 übergab Hitler in Berlin den größten Maibaum der Welt. Er war von Bayern geliefert worden, sicher aber nicht um der politischen Idee zu fröhnen, sondern um bayerisches Brauchtum in der Hauptstadt des Reiches zu demonstrieren. Nach 1945 wurden bald wieder in jedem Dorf Maibäume aufgestellt, wieder im wohlverstandenen Sinn von dörflicher Eigenständigkeit und Einheit.

Die Geschichten um den Maibaum, das Stehlen, Bewachen und Aufstellen sind schier endlos und ergiebig. Darauf muss hier nicht eingegangen werden. Ein Gedanke scheint aber notwendig. Wer einen Maibaum im Dorf aufstellt und damit Stärke sowie eine gewisse Einigkeit demonstriert, sollte auch auf Qualität achten. Eine oft nur grob von den Ästen befreite Fichte mit einer vom Fällen und Transportieren zerfransten Rinde und einem aus den Daxen flüchtig gebundener Kranz, der nach vier Wochen schon unansehnlich ist, sind keine Zierde für ein Dorf in der Hallertau. Ein bisschen Qualität, etwas, was Liebe und Verständnis erkennen lässt, muß schon sein!

BITTGÄNGE UND PROZESSIONEN

Johannes Thurmayr (1477 bis 1534), genannt Aventinus, sagt in seiner „Bayerischen Chronik" zum Altbayern: „Das baierische Volk ist kirchlich, schlecht (womit er schlicht meint) und recht, geht und läuft gerne wallfahrten, hat auch viele kirchliche Aufzüge ...". Damit ist ausgedrückt, wie sehr das bayerische Volk im Glauben verwurzelt war und kirchliches Brauchtum pflegte. Noch im 18. Jahrhundert gab es in jeder Pfarrei zahlreiche Bittgänge und Prozessionen. In der Pfarrei Au i.d.

Hallertau gab es in dieser Zeit auffallend viele Bittprozessionen:[4]

24. April nach Lohwinden,
25. April (Markustag) nach Halsberg,
3. Mai (Kreuzauffindung) nach Halsberg,
7. Mai nach St. Alban,
Montag in der Bittwoche nach Osseltshausen,
Dienstag in der Bittwoche nach Halsberg,
Mittwoch in der Bittwoche nach Rudertshausen,
am Schauerfreitag nach Abens,
24. Juni (Johannes und Paulus) zu den „Wetterherrn" nach Johanneck,
2. Juli (Mariä Heimsuchung) nach Osseltshausen,
4. Juli (Ulrich) nach Oberlauterbach,
22. Juli (Magdalena) nach Tegernbach,
10. August (Laurenzi) nach Reichertshausen,
24. August (Bartholomäus) nach Osterwaal.

„Dass Du die Früchte der Erde geben und erhalten wollest."

Es verstand sich von selbst, dass von jedem Anwesen mindestens eine erwachsene Person am Bittgang teilnahm. Die Dienstboten taten dies gerne, waren es doch ein paar Stunden, an denen nicht schwer gearbeitet werden musste und in denen häufig auch eine Brotzeit heraussprang. Neben den Bittgängen gab es in zahlreichen Pfarreien auch noch den Felderumgang. Hierbei sollte mit dem Beten der Segen Gottes auf die Saaten herabgerufen werden. Gebetet wurden in der Regel der Rosenkranz mit dem freudenreichen, dem schmerzhaften und dem glorreichen Geheimnisse. War man danach noch nicht am Ziel, wurde die Fürbitte „dass Du die Früchte der Erde geben und erhalten wollest" eingefügt.

Der „Albiganer", Wallfahrt und Jahrmarkt zugleich

So wie das Eigentum der Kirche fielen auch zahlreiche Kreuz- und Bittgänge im Jahre 1803 der Säkularisation zum Opfer. Erhalten haben sich aber in jeder Pfarrei einige Bittgänge, und zwar zumeist diejenigen, denen zum Beispiel ein besonderes Versprechen oder eine lange Tradition zugrunde liegen. Dies ist beim „Albiganer" der Fall. Hier wird das Angenehme mit dem Nützlichen verbunden: Mit dem Bittgang nach St. Alban, einem kleinen Ort zwischen Nandlstadt und Hör-

Bittgang

gertshausen, ist jeweils auch ein Markt verbunden. Nach Prälat Dr. Hartig haben Wallfahrt und Markt eine über neunhundertjährige Tradition.[5] Nach dem Volksmund werden beim „Albiganer" die „Brema auslassen", was besagen will, dass mit der nun wärmeren Jahreszeit auch die für Mensch und Vieh lästigen Bremsen kommen. Bittgang und Wallfahrt sagte man auch nach, dass sie für Burschen und Mädel eine gute Gelegenheit zum „Anbandeln" waren, allerdings mit folgendem Haken: Erst nach neunmaliger Teilnahme hatte man sich eine Rothaarige (Rothaarigen) erbetet und erst nach einer mindestens zehnmaligen Teilnahme hatte man sich ein schwarzes, blondes oder brünettes Mädel (oder Burschen) verdient.

BELIEBTE JAHRMÄRKTE

Seit der Verleihung von Marktgerechtigkeiten im 14. Jahrhundert (z.B. 1349 an den Ort Au usw.), gibt es in den Städten und Märkten der Hallertau zahlreiche Jahrmärkte. Diese haben weitgehend ihre ursprüngliche Bedeutung verloren und werden oftmals nur unter aller größten Anstrengungen der Kommunen und örtlicher Verkehrsvereine

Barthlmarkt Oberstimm

Gallimarkt Mainburg

Gillamoos Abensberg

aufrecht erhalten. Eines ungebrochenen Zuspruches erfreuen sich dagegen der Albiganer in St. Alban (s. oben), der Barthlmämarkt in Oberstimm am letzten Sonntag im August, der Gillamoosmarkt am 1. Sonntag im September in Abensberg und der Gallimarkt am Sonntag vor Kirchweih in Mainburg.

KRÄUTERWEIHE

Mariä Himmelfahrt (15. August) ist das höchste und wohl auch das älteste Marienfest. Es ist seit dem 5. Jahrhundert nachweisbar. Untrennbar verbunden mit diesem Hochfest der kath. Kirche ist die Kräuterweihe, die seit dem 10. Jahrhundert fester Brauch ist. Für diesen Tag sucht die Hausfrau viele bekannte Heilkräuter und Getreideähren zusammen und trägt sie in die Kirche zur Kräuterweihe. Damit knüpft die Kirche an heidnische Vorstellungen vom Wachsen und Gedeihen der Pflanzen und ihrer Heilkraft an. Nach altem Volksglauben wirken Heilkräuter besonders stark während des Frauendreißigers, der Zeit zwischen dem 15. August und dem 12. September. Der geweihte Kräuterbüschel wird auf dem Hof zum Schutz vor Blitz und Feuersgefahr unter die Sparren des Dachgebälkes gesteckt. Häufig findet er auch für ein Jahr im Herrgottswinkel seinen Platz.

KIRCHWEIH

Der Kirta, das Kirchweihfest, wie es nach dem Kalender heißt, war in früherer Zeit in der ganzen Hallertau ein Ereignis, das zwar in der kirchlichen Rangordnung hinter Weihnachten, Ostern und Pfingsten rangierte, beim Bauern und in erster Linie bei seinen Ehehalten aber ganz oben stand.

Die Allerweltskirchweih

In früherer Zeit wurde dieser Festtag am Sonntag nach dem Tag begangen, an dem die Kirche im Ort tatsächlich geweiht wurde. Das hatte bei der Vielzahl von Kirchen auf dem Lande zur Folge, dass nahezu an jedem Sonntag irgendwo Kirchweih gefeiert wurde. Für die jungen Leute, Knechte und Mägde, war dies jeweils Anlass auszuströmen, zu tanzen und viel zu trinken. Am Tag danach war die Arbeitsmoral dann nicht die beste. Verständlich, dass die Obrigkeit dagegen wetterte und die Pfarrer das ausschweifende Leben auf dem Tanzboden und vorallem danach auf dem Heimweg anprangerten. Um die Anzahl der Kirchweihen zu mindern, führte man 1868 die Allerweltskirchweih ein. Seither wird das Kirchweihfest einheitlich am dritten Sonntag im Oktober begangen.

A`richtiga Kirta dauert ...

Die vielen Dorfkirchweihfeste waren damit verschwunden, das Feiern an diesem Sonntag, und bis in die sechziger Jahre auch am Montag, blieb. Der alte Spruch, wonach ein richtiger „Kirta bis zum Irta (Dienstag), kunt se a schicka bis zum Mika (Mittwoch)" dauert, war wohl immer schon mehr der fromme Wunsch der Dienstboten.

Der Kirta war auf dem Land schon immer ungleich stärker im Bewusstsein der Bevölkerung und wurde da auch ausgeprägter gefeiert als in der Stadt. Für die Knechte und Mägde des Bauern aber auch für die „Arner", zwei, drei Männer, die ohne im Dienst zu stehen bei der Ernte halfen, wurde an diesem Tag reichlich zu Essen und zu Trinken geboten. Größere Bauern luden auch den Wagner und den Schmied, Handwerker, auf die sie nicht verzichten konnten, ein. Ebenso waren der Pfarrer und der Lehrer gelegentlich zu Gast.

Mahlzeiten

Die Vorbereitungen zum Kirta begannen meist damit, dass einige Tiere das Leben lassen mussten. Der Bauer schlachtete ein Schwein, die Bäuerin und die Mägde zogen Gänsen und Enten den Kragen lang. Das den ganzen Sonntag andauernde Essen begann schon nach dem Hochamt. In der Hallertau gab es zunächst gesottenes Fleisch vom Schwein und Semmelknödel. Kaum war dieses vertilgt, kam das Voressen (Lüngerl) auf den Tisch. Die danach folgende Hauptmahlzeit bestand dann entweder aus einem saftigen Schweinebraten, aus einem Entenbraten oder aus beidem. Zu allem wurde reichlich Bier ausgeschänkt. Eine Gans wurde selten gereicht. Soweit auf dem Hof vorhanden, wurden diese von der Bäuerin wegen der Einnahme verkauft.

Am späten Nachmittag gab es dann noch eine Brotzeit, einen kalten

Kirtahutschn

Braten, oder was durchaus nahe lag, einen frischen selbstgemachten Preßsack und wieder Bier nach Herzenslust und Durst. Verständlich, dass da bald Stimmung aufkam. Nach Melodien aus einem Gramophon oder von einem Quetschenspieler wurde in der Flez getanzt. Das muntere Treiben wurde in der Regel nur dadurch unterbrochen, dass die Knechte und Mägde die abendliche Stallarbeit verrichten mussten. Danach aber ging es bis spät in die Nacht hinein lustig weiter. Die Kirchweihnudeln, ein Schmalzgebäck, das sich bis auf den heutigen Tag unter dem gleichen Namen erhalten hat, wurden an diesem Tag weniger verzehrt. Nudeln waren den Ehehalten nicht fremd. Sie waren an diesem Tag mehr als Mitgift für die Gäste bestimmt und waren im übrigen das Zubrot zur Morgensuppe am anderen Tag.

Kirtahutschn

Selbstverständlich war der Kirta auch für die Kinder eine besondere Zeit. Bei zwei, drei Bauern im Dorf hing vom Gebälk des Vordaches der Scheune die „Hutschn", die darin bestand, dass an den Balken Ketten oder auch starke Seile in U-Form aufgehängt und in diese ein Sechser-Laden (ein sechs Zentimeter dickes Brett) als Sitzgelegenheit gelegt war. Zwischen den Aufhängungen saßen die Kinder, auf den überstehenden Enden des Ladens standen die schon etwas Größeren und setzten die Schaukel mit kräftigen Schüben in Bewegung.

In früherer Zeit war auch der Kirchweihmontag ein arbeitsfreier Tag, sieht man von den Arbeiten im Stall ab. Am Beginn des 21. Jahrhunderts ist der dritte Sonntag im Oktober auf dem Land vielfach ein

ganz gewöhnlicher Sonntag. Ehehalten und Handwerker, denen sich der Bauer erkenntlich zeigen müsste, gibt es nicht mehr. Der Bauer und seine Bäuerin sind mit den Kindern allein auf dem Hof. An das Kirchweihfest früherer Tage erinnern bestenfalls noch eine Hutsche und die Werbung von Wirten für ein Kirchweihessen, das dann vorwiegend von den Leuten aus der Stadt besucht wird.

Bauernjahrtag

Ein Festtag, der weitgehend aus dem bäuerlichen Leben verschwunden ist, das ist der sogenannte Bauernjahrtag. Er wurde in vielen Gemeinden der Hallertau begangen und war nur den Bauersleuten selbst sowie den Geschäftsleuten, mit denen der Bauer in Verbindung stand, vorbehalten. Ihm lagen der Dank an den Herrgott für die Ernte aber auch der Gedanke, dass man sich nach getaner Arbeit etwas gönnen kann, zu Grunde. Beim Gottesdienst in der Kirche wurde der Verstorbenen gedacht. In einer strengen Marschordnung zog man danach zu den Klängen einer Blaskapelle zum Wirt. Bei gutem Essen und reichlich Trinken wurde getanzt und gefeiert. Ähnlich wie bei einer Bauernhochzeit war auch ein Hochzeitslader dabei, der für die rechte Ordnung und den traditionellen Ablauf sorgte. Vom Hochzeitslader erwartete man auch, dass er zur Freude und Unterhaltung der Zuhörer Gstanzl sang. War die Stimmung gut, sangen die Teilnehmer selbst überlieferte Lieder.

Geburt und Taufe

Nach einem Brauchtum im Zusammenhang mit der Geburt eines Kindes zu suchen ist wohl vermessen. Die Geburt fand in aller Regel im eigenen Heim statt. War die Kindsmutter der Niederkunft nahe, galt es so schnell wie möglich die Hebamme zu holen. Deren Tätigkeit setzte meist erst ein, wenn das Kind schon auf der Welt war. Gab es bei der Geburt Schwierigkeiten wurde zwar ein Arzt beigezogen, dessen medizinischen Möglichkeiten waren aber in früherer Zeit sehr eingeschränkt. Oftmals starb das Kind schon kurze Zeit nach der Geburt, nicht gar zu selten starb auch die Mutter. Mag das Leid in der Familie darüber auch noch so groß gewesen sein, man fand sich damt ab; es war halt so.

Zu diesem Thema ist vorweg auch noch ein vermeintlicher Widerspruch aufzuklären. Während Joseph Hazzi um 1800 bei den Familien der Hallertau „gewöhnlich nur zwei bis drei Kinder" feststellt,[6] gab es 1781 beim Prabst in Berghaselbach immerhin fünf und um 1800 beim Bergmeier neun Kinder.[7] Der Unterschied rührt vermutlich daher, dass Hazzi nur diejenigen Kinder registrierte, die das Säuglings- und Kindesalter überlebten. Die Kindersterblichkeit war zu dieser Zeit noch groß. Die hohe Zahl von Geburten und andererseits die Sorge um das Überleben führten dazu, dass man die Geburt eines Kindes nicht sonderlich feierte.

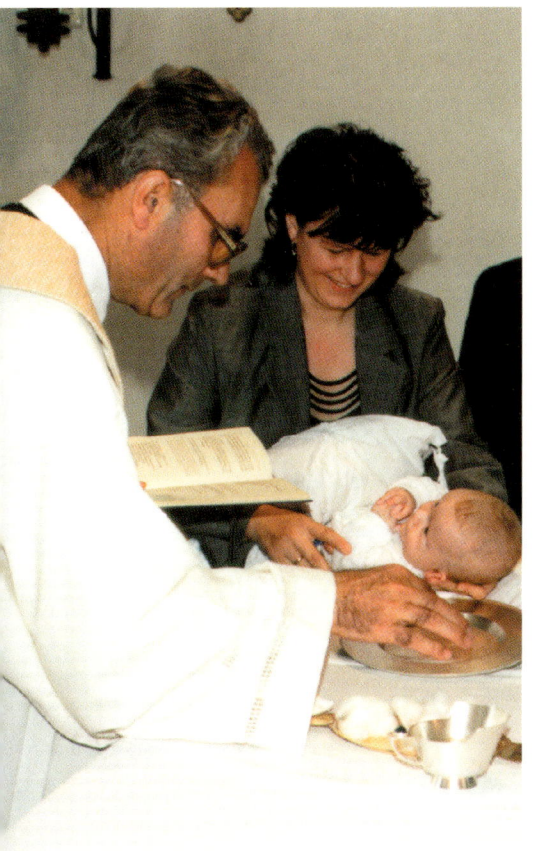

Die Taufe des Neugeborenen fand regelmäßig schon am Tag nach der Geburt, spätestens aber am zweiten oder dritten Tag statt. Pfarrer Dr. Johann B. Prechtl, Reichertshausen, hat die Taufen im Sommer in der Pfarrkirche und im Winter im Pfarrhof vorgenommen.[8] Der Pfarrer kannte die Empfindlichkeit des jungen Lebens, die Kirche war noch nicht beheizt.

Taufpate oder Taufpatin wurden in den wenigsten Fällen aus der Verwandtschaft ausgewählt. Häufig wurden für die „Gevatterschaft" befreundete Familien ausgewählt. Gegenseitig hoben in diesen zwei Familien die Männer alle Knaben und die Frauen alle Mädchen über die hl. Taufe. Diese Freundschaft zwischen den Familien führte sogar soweit, dass der Pate für die Kinder der befreundeten Familie notfalls auch die Vormundschaft übernahm (wenn der Vater starb). Zu den sonstigen Gepflogenheiten hat Lipowsky um 1860 folgendes festgehalten:[9] „Bringt der Storch einen Knaben, so erhält er den Namen des Gevatters (Paten) - ein Mädchen, jenen der Gevatterin. Der zweitgeborene Knabe wird mit dem Namen des Vaters, das zweitgeborene Mädchen mit jenem der Mutter getauft. Die nachfolgenden Kinder erhalten in der Regel den Namen desjenigen Heiligen, dessen Fest auf den Tag der Geburt fällt, falls nicht die lesenskundige Hebamme einen recht schönen Namen aus dem Kalender ausfindig gemacht hat."

Trotz aller gebremsten Freude (siehe oben) durfte bei der Taufe eine bescheidene Feierlichkeit nicht fehlen. Dazu Lipowsky weiter: „Eine schlechte Kindstaufe, welche nicht ihre zwei Kindstaufschmäuse hat. Der erste im Wirtshause für Vater, Gevattersmann, Mesner und Hebamme, herkömmlich bei Suppe, Voressen, Fleisch, Braten, Bier, Wein und Kaffee. Der zweite im Hause der Wöchnerin acht Tage nach der Taufe. Mit dem „Waisat" (Übergabe des Patengeschenkes) des „Gött" oder der „Gottl" (Paten) bestehend in 100 Stück Eiern, 2 Semmelbrod, 1 Pfd. Kaffee, 1 Pfd. Zucker, 1 Maß Meth und einem bayerischen Thaler findet die Feier zum Gedeihen des kleinen Staatsbürgers ihren würdigen Abschluß." Die zahlreichen Geschenke lassen auf das Geschehen bei einem größeren Bauern schließen, bei ärmeren Leuten ging es wohl bescheidener zu.

Die Religiosität hat zwar jetzt am Beginn des 21. Jahrhunderts gegenüber früher im allgemeinen nachgelassen, die meisten christlichen Familien lassen ihre Kinder dennoch nach kirchlichem Ritus taufen. Die Feierlichkeit findet aber häufig erst mehrere Monate nach der Geburt statt. Dies ist auch verständlich, hat sich doch die Säuglingssterblichkeit auf nahezu Null reduziert und von daher ist keine Eile mehr geboten. Dass die heutige Gesellschaft ein derartiges Ereignis auch gebührend zu feiern weiß, ist ja hinlänglich bekannt. Auch das „G'waiset" hat sich bis auf den heutigen Tag erhalten. Freunde, Verwandte und Nachbarn besuchen Mutter und Kind und bringen ein Geschenk. Ein Unfug ist es allerdings, bei der Geburt eines Mädchens Dachplatten und leere Dosen vor dem Haus der Familie abzuladen oder auf der Straße mit leuchtender Farbe auf die „Büchsenmacherei" hinzuweisen. Auf Brauchtum und Sitte kann man sich hier nicht berufen!

Hochzeit

Das Zerimoniell, nach dem noch bis in die 60iger Jahre des 20. Jahrhunderts eine Hochzeit auf dem Lande vorbereitet und ausgerichtet wurde und dann ablief, war in ganz Oberbayern im wesentlichen gleich. Geringe Unterschiede gab es allerdings schon von einem Dorf zum anderen. Die Unterschiede waren oft auch standesbedingt. Der Großbauer heiratete mit viel gepränge, beim Kleinbauern oder Häusler viel das Geschehen spärlicher aus. Nachfolgend wird die Hochzeit eines Bauern, wie sie der Verfasser teilweise selbst noch erlebt hat, dargestellt.

Die Partnerwahl

Es ist ein weit verbreiteter Irrtum, wonach Ehen in früherer Zeit überwiegend durch den „Schmuser" (eine Person, die sich neben einer anderen beruflichen Tätigkeit auch dem Zusammenführen heiratswilliger Leute widmete) gestiftet worden wären. Burschen und Mädel in der Hallertau lernten sich auf dem Tanzboden kennen und vertieften die Bekanntschaft dann auch am Kammerfenster. Die geringe Mobilität führte auch dazu, dass der Bursch seine Braut oft im Dorf oder in unmittelbarer Nachbarschaft suchte. Die vielfach behauptete Auswahl der Braut durch die Eltern oder den Schmuser bildete bei jungen Leuten die Ausnahme. Eine „Vermittlung" war dagegen häufiger dann aktuell, wenn ein Ehepartner weggestorben ist. Wegen der nicht selten schon vorhandenen Kinder und der dringend benötigten Arbeitskraft galt es so schnell als möglich wieder zu heiraten. Tanzboden und Kammerfenster standen einer verwitweten Person nicht an und so war man bei der Suche nach einem neunen Partner auf Hilfen, den Schmuser oder Bekannte, angewiesen. Gleich viermal innerhalb von 28 Jahren heiratete der „Glück" von Ampertshausen, Johann Eisenmann.[10] Im Jahr 1709 heiratet er seine erste Frau Anna und übernahm mit ihr den „Glück". Diese verstarb 1726 und hinterließ ihren Mann und fünf unmündige Kinder. Vier Monate später heiratete der Wittiber in zweiter Ehe die Witwe Magdalena Ruprecht aus Reding. Diese verstarb schon am 1.1.1737. Sechs Wochen nach dem Tod seiner zweiten Ehefrau heiratete Johann Eisenmann am 10.2.1737 zum dritten Mal. Seine Frau war ein Findelkind, das der Bauer Balthasar Andreas aus Kleinarreshausen an Kindes Statt angenommen hatte. Eva war nur acht Wochen Bäuerin auf dem Hof. Sie starb am 5.4.1737. Vier Wochen nach dem Tod seiner dritten Ehefrau heiratete der Glückbauer am 5.5.1737 zum vierten und letzten Mal. Bei diesen Ehen und der jeweils auswärtigen Herkunft der Frauen war vermutlich ein Schmuser eingeschaltet.

Die Hofübergabe

Waren sich die jungen Leute einig und die Eltern einverstanden, traf man sich einige Wochen vor der Hochzeit auf dem künftigen gemeinsamen Hof zum „G'schau", wobei das „Sach" besichtigt und begutachtet sowie die Hochzeits- und Übergabemodalität ausgemacht wurden. War dies weitgehend klar, wurde beim Notar ein Termin zur Beurkundung der Übergabe des Hofes an die Jungen vereinbart.

Im Übergabevertrag wurden insbesondere der Austrag für die Übergeber (Nahrung, Kleidung, Wohnung, Pflege) und weitere Bedingungen der Übergabe (meist Versorgung und Ausstattung der weiteren Kinder am Hof) festgelegt.

Das Stuhlfest

Etwa drei Wochen vor der Hochzeit gingen der Bursch und seine Braut in den Pfarrhof, zum sogenannten Stuhlfest. Hierbei wurden die zur Trauung notwendigen Formalitäten erledigt und der Pfarrer belehrte die Brautleute über die ehelichen Pflichten aus der Sicht des christlichen Glaubens. Hernach trafen sich das Brautpaar und die Väter zur „Schenk" beim Wirt, wo die Hochzeitsfeierlichkeit, wie Speisenfolge und Mahlgeld, festgelegt wurden. Am Sonntag darauf erfolgte in der Kirche die Verkündung der Hochzeit. Die Brautleute haben diese Messe nicht besucht damit sie nicht „dorat" (taub) werden sollten, wie der Aberglaube meinte.

Heutzutage müssen die Brautleute mit den Vorbereitungen früher beginnen. Die Hochzeit findet immer seltener beim Dorfwirt statt. Angesichts der meist zahlreichen Gäste wendet man sich an einen Wirt, der einen passenden Saal und der sich schon auf die Ausrichtung von Hochzeitsfeierlichkeiten spezialisiert hat. Diese Gasthäuser sind meist sehr gefragt; also muss man bei Zeiten dazutun. Ebenso ist es mit der Musik, auch die will früh genug gesichert sein.

Hochzeitslader

Kammerwagen, zusammengestellt und beim Oktoberfest vorgeführt durch den Schützenverein Wolfersdorf.

Der Hochzeitslader

Eine wichtige Hilfsperson bei der Ausrichtung einer Hochzeit war der Hochzeitslader. Er hatte zwei gewichtige Funktionen: Zum einen oblag es ihm die Gäste zur Hochzeit zu laden. Mit einer Schleife am Hut oder am Revers der Joppe suchte er die zu ladenden Gäste auf, überbrachte die Grüße der Brautleute und lud die betreffende Familie mit einem Spruch zur Hochzeit. Gelegentlich zeichnete der Hochzeitslader einen Strauß an die Tür und schrieb Datum der Hochzeit und Höhe des Mahlgeldes an. Zum anderen war er, um es modern auszudrücken, der Manager des Hochzeitstages. Von der Ordnung des feierlichen Zuges zur Kirche über die Unterbringung der Gäste nach einer strengen Sitzordnung beim Wirt bis zur Abdankung am Abend war er so ziemlich für alles zuständig. Für seine Arbeit erhielt er von den geladenen Gästen schon bei der Ladung ein Trinkgeld und im übrigen hatten ihn die Brautleute zu entlohnen.

Die Mitwirkung eines Hochzeitsladers bei einer Hochzeit wird immer seltener. Die Ladung erfolgt heute per Post, die Sitzordnung im Saal ist lockerer geworden und der Ablauf des Tages wird oft von der Musikkapelle und Freunden, die nicht selten Sketsche und Shows aufführen, gestaltet.

Die Einrichtung der Wohnung

Meistens zwei Tage vor der Hochzeit wurde der „Kammerwagen" gefahren. Dem Wagen war das beste Paar Rosse vorgespannt, g'fahr'n ist der Fuhrknecht oder ein Bruder der Braut. Auf dem Wagen war die Aussteuer aufgerichtet. Dies waren insbesondere zwei Betten, ein Kasten, eine Wiege, ein Tisch mit Stuhl und Sofa, dazu ein Spinnrad. Das mag für heutige Verhältnisse bescheiden erscheinen, in früherer Zeit war es aber so, dass die am Hof vorhandene Einrichtung von der jungen Familie weitgehend übernommen wurde. Auf dem Wagen saß auch die Näherin, die Kleidung und Wäsche genäht hatte, den Kammerwagen mit aufgebaut hat und auch bei der Einrichtung der Wohnung half. Hinter dem Wagen führte die Magd die Brautkuh nach, die ein Teil der Mitgift war. Beim Wegfahren begann im Dorf eine wilde Schießerei. Gleichzeitig holte der Bräutigam mit einer sauberen Kutsche seine Braut ab und fuhr hinter dem Wagen her. Dieses Spektakel rief natürlich auch die Kinder auf den Plan. Mit einem über die Straße gespannten Strick hielten sie das Gefährt an, das erst dann weiterfahren konnte, wenn die Näherin „Guatl" (Plätzchen) unter die Kinder verteilt hatte.

Die Braut bekam von ihrer Mutter einen frischgebackenen Laib Brot mit, den „Aussteh-Laib", dazu ein Kreuz. Beides legte sie vor der Ab-

Die Hochzeit des Johann Redl, Wirtssohn von Reichertshausen, mit der Margaretha Brückl im Jahr 1896, das Brautpaar rechts, links Brautführer und Kranzljungsfrau.

muß. Der standesamtlichen Trauung geht ein Aufgebot voraus, in dessen Rahmen geprüft wird, ob der Ehe etwa Hindernisse entgegen stehen. Auch der Gemeinderat wurde bis zu Beginn des 20. Jahrhunderts zur beabsichtigten Eheschließung gehört. Gegenstand der Behandlung im Gemeinderat war dem Grunde nach eine Prüfung der Vermögensverhältnisse. Damit sollte sichergestellt sein, dass sich die künftigen Eheleute selber „fortbringen" können und nicht etwa der Gemeinde zur Last fallen. Die eigentliche Trauungszerimonie vor dem Standesbeamten hatte in früherer Zeit eher eine untergeordnete Bedeutung, dazu wurde kein besonderer Aufwand getrieben. Heute liegen die standesamtliche und die kirchliche Trauung oft längere Zeit auseinander. Da sich die Eheleute oft nicht sicher sind, ob eine kirchliche Trauung folgt, wird gelegentlich auch schon im Anschluss an die standesamtliche Trauung gefeiert.

fahrt in ein Bett auf dem Kammerwagen - wohl sinnige Zeichen, deren Symbolkraft und Bedeutung klar sind: Ein guter Anfang, das Brot wie das Kreuz zu ehren! Für die Ehehalten am Hof brachte die angehende Bäuerin je ein Geschenk mit: Für die Mägde ein G'wand, gemeint ist ein Stoff für ein Kleid, für die Knechte je ein Hemd. Einen Stoff für ein Kleid bekam auch die Mutter des Bräutigams, die alte Bäuerin.

Der Hochzeitstag

Bis zum Jahre 1876 wurde die Ehe ausschließlich durch die kirchliche Trauung geschlossen. Ab diesem Jahr regelte auch der Staat mit der Einführung von Personenstandsgesetzen die Eheschließung. Seither spricht man von der standesamtlichen und der kirchlichen Trauung, wobei die standesamtliche Trauung immer vor der kirchlichen erfolgen

Der Hochzeitstag - gemeint ist der Tag der kirchlichen Trauung - der ländlichen Bevölkerung in der Hallertau hatte seine traditionelle Ordnung. Bevorzugte Hochzeitstage waren der Dienstag oder der Donnerstag. Schon zeitig in der Früh zog die Musikkapelle, nicht unter sechs Mann stark, auf. Sie teilten sich; ein Teil kam zum Haus der Braut, ein Teil postierte sich am Hauseingang des Bräutigams. Sie spielten jeden Gast der ankam ins Haus und wusste der was sich gehört, dann gab er den Musikanten ein Trinkgeld. Im Haus erhielt jeder Gast von der Näherin einen Myrtenzweig angeheftet; für den ganzen Tag das Zeichen dafür, dass er „ei d'Houzat geht" (im Gegensatz zu weiteren Personen, die am Nachmittag „au d'Houzat" ge-

Am 4. Juli 1903 heiratete der Bauer Stefan Stanglmair, Reichertshausen, die Johanna Huber aus Oberempfenbach in bürgerlicher Kleidung.

hen). Auch die Näherin durfte für diese Tätigkeit ein Trinkgeld erwarten.

Brautführer und Kranzljungfrau

Neben dem Hochzeitslader sind der Brautführer und die Kranzljungfrau (ledige Leute aus der Verwandtschaft) wichtige Begleiter für den ganzen Tag. Der Brautführer kommt zunächst mit dem Hochzeitslader zum Haus der Braut, die Kranzljungfrau zum Bräutigam. Der Brautführer führt im Kirchenzug die Braut zur Kirche, die Kranzljungfrau begleitet den ganzen Tag über bis zum Brauttanz den Bräutigam. Sie war früher wie die Braut mit einem Myrtenkranz im Haar geschmückt und hatte auch noch die Aufgabe, auf den Säbel des Brautführers aufzupassen. Konnte sie es nicht verhindern, das der Säbel gestohlen wurde (was dem Brauch zu Folge wiederum erst nach dem Fotografieren erlaubt war) musste sie ihn wieder auslösen. Mancherorts war auch der Brautstrauß das Ziel der „Diebe", die diesen wiederum nur gegen eine Auslöse zurückgaben.

Ausdanken und Zug zur Kirche

Waren in der Frühe alle von der Braut geladenen Gäste am Haus versammelt und war es Zeit Abschied zu nehmen, wurde „vergelt's Gott" gesagt (Ausdanken). Im Hausgang und auf der Gred waren die Leut versammelt und nachdem die Musik aufgehört hatte zu spielen, begann der Hochzeitslader im Namen der Braut die traditionelle Zeremonie, indem er sie aufforderte, von Haus und Hof, von Eltern und Geschwistern Abschied

Ein Hochzeitspaar in der Tracht wie sie in Geisenfeld getragen wird.

zu nehmen. Dazu reichte die Braut den Eltern und Geschwistern die Hand und der Hochzeitslader begann zu singen (G'stanzl), jeweils abgestimmt auf die familiären Gegebenheiten. Danach wurde zum Bräutigam gezogen, wo ebenfalls die Abschiedszerimonie stattfand.

Nun forderte der Hochzeitslader auf, sich zum Kirchenzug zu formieren. Der Musik folgten, soweit gegeben, Vereinsabordnungen mit Fahnen, Bräutführer und Braut, Kranzljungfrau und Bräutigam, die Eltern und dann die übrigen Hochzeitsgäste. War der Weg zur Kirche weit, fuhren die Hauptpersonen in Kutschen, die Musik und die Hochzeitsgäste wurden in diesem Fall auf einem geschmückten Leiterwagen, dem „Boschenwagen", gefahren. Die Trauung in der Kirche fand in der Regel um 10 Uhr und im Rahmen einer feierlichen Messe statt. Nach dem Gottesdienst ging man zum „Miserere", dem Grablied, an das Familiengrab und dann in der vorgegebenen Marschfolge (jetzt aber die Braut mit dem Bräutigam) zum Wirtshaus. Wenn nicht schon auf dem Weg zur Kirche, dann aber auf dem Marsch zum Wirtshaus stellten sich Kinder mit einem Strick ausgerüstet dem Brautpaar in den Weg, der erst dann wieder freigegeben wurde, wenn ein Paar Groschen gegeben waren.

Die Hochzeitsfeier

Im Wirtshaus angekommen, trat die Köchin der Braut mit dem Spruch „Braut versuach's Kraut" entgegen, was weniger als Aufforderung zum Abschmecken des Krautes als vielmehr als Bitte um ein Trinkgeld für das Küchenpersonal zu verstehen war. Kaum hatten die Hochzeitsgäste beim Wirt im Saal ihren Platz eingenommen, spielte die Musik zu den „Hungertänzen" auf (es war erst kurz nach 11 Uhr, gegessen wurde um 12 Uhr). Tanzen durften alle, nur nicht Braut und Bräutigam zusammen. Während des Mittagessens spielten die Musikanten „über den Tisch", wobei einer von ihnen unter den Gästen sammelte. Im übrigen spielten die Musikanten dann, wenn sie durch Erscheinen eines Paares auf der Tanzfläche quasi dazu aufgefordert wurden. Auch die Köchin ging, eine Hand wegen einer „Brandblase" dick eingebunden, mit einem Teller durch die Gäste und bat um ein „Schmerzensgeld".

Folgende Dinge waren über den ganzen Tag wichtig: Neben dem Essen und Trinken, die Fröhlichkeit, das Tanzen und immer wieder Gstanzl, entweder vom Hochzeitslader oder vom Brautführer. Dies alles wurde am Nachmittag zweimal unterbrochen: Einmal dadurch, dass die Gäste zum Hof der jungen Eheleute gingen und die eingerichtete Wohnung, den „Kammerwagen", anschauten. Zum zweiten Mal wurde der Nachmittag dadurch unterbrochen, dass ein Bursch aus dem Dorf die Braut „stahl". Die Braut wurde nach dem Kaffee zum Tanz aufgefordert und nach dem ersten Tanz verließen sie und der Tänzer den Saal. Andere Paare folgten. In einem Nebenzimmer des Wirtshauses, gelegentlich auch in einem auswärtigen Lokal, zechten die „Diebe" solange, bis der Bräutführer kam und die Braut zurückholte.

Nach dem Abendessen erreichte die Hochzeitsfeier nochmals einen Höhepunkt, das „Abdanken". Die Brautleute bedankten sich bei den Hochzeitsgästen, bei Eltern und nahen Verwandten einzeln. Dazu rief der Hochzeitslader die Gäste zum Brauttisch, die dort ihr Hochzeitsgeschenk (meist ein Geldbetrag in einem Kuvert) gaben („waisen" wurde das genannt) und dann mit einem Schluck aus einem Weinglas bedankt wurden. Der Hochzeitslader bedachte jeden Gast mit einigen lustigen Gstanzln, wobei er damit rechnen musste, dass ihn ein gwiefter Hochzeitsgast seinerseits mit Gstanzln „naufschoss" (erwiderte). Dem Abdanken folgte zum Abschluß des offiziellen Teiles der Hochzeit der Brauttanz. Bräutführer und Braut, Kranzljungfrau und Bräutigam tanzten einen Tanz, worauf der Brautführer die Braut dem Bräutigam endgültig in die Arme zum nächsten Tanz gab. Ehrentänze für Eltern und Geschwister sowie für die Verwandtschaft und eventuell auch noch für Vereine folgten. Mit der lautstarken Aufforderung „jetzt tanzt ois" entledigte sich schließlich auch der Hochzeitslader seines Amtes. Jetzt tanzten auch jene jungen Gäste, die „au d'Houzat" waren und nicht selten wurde dabei schon wieder der Grundstein für die nächste „Huozat" gelegt. Noch vor Mitternacht verließen die Brautleute das Wirtshaus, wobei sie von den Musikanten bis vor die Wirtshaustür gespielt wurden. Auch die übrigen Gäste verzogen sich bald. Ein großer und wichtiger Tag im Leben der Hallertauer war zu Ende!

Am Sonntag nach der Hochzeit trafen sich die jungen Eheleute mit den nächsten Angehörigen im Elternhaus der Braut zur „Sundasupp'n". Hierbei wurde das große familiäre Ereignis nochmals in allen Einzelheiten durchgeredet.

STERBEN UND BEGRÄBNIS

In früherer Zeit, als das Leben für die Hallertauer Vorfahren beschwerlich war und die ärtzliche Kunst noch wenig Hoffnung versprach, wurde auch das Sterben als ganz natürliche Folge im Lebenslauf gesehen, man wehrte sich wenig dagegen. Lipowsky drückte das so aus:[11] „Sie leben nicht so gerne um sich aus dem Sterben viel zu machen."

Um die selbe Zeit (1861) hat Dr. Prechtl zum Begräbnis folgendes festgehalten:[12]

„Ist ein Leichenbegräbnis, so werden alle, die demselben anwohnen und den Gestorbenen mit Weihwasser besprengen, mit einem Schluck Branntwein und einem Schnitz Brot, den sich der Leidtragende selbst von einem mächtigen Laibe abschneidet, bewillkommt (empfangen). Beim letzten Seelengottesdienst ist das Opfern von Kerzen und Sammeln auch anderwärts üblich; aber nicht überall kommt es vor, dass man an den drei nächsten Sonntagen nach dem Begräbnisse 'die drei Bittopfer' tragt, wobei es Ehrensache der Verwandtschaft ist, beim Gottesdienste zu erscheinen und vor den anderen Anwesenden zu Opfer zu gehen (z.B. in der Kirche um den Altar zu gehen und in aufgestellte Teller Geld einlegen). Willst du die Abstufung der Freundschaft des Dahingeschiedenen kennen lernen, so darfst du blos die Opfernden mustern; der Rang und die Ordnung im Opfergange der Anverwandten ist so gemessen und genau, dass die Etikette am spanischen Hofe nicht genauer eingehalten werden kann. Ein unerhörter Missgriff wäre es, wenn ein Nichtanverwandter zu frühe beim Opfergange sich einfände. Dass beim Totenbewachen der Branntwein und beim dritten Seelengottesdienste ein tüchtiger Leichentrunk im Wirtshaus nicht fehlen dürfte, versteht sich von selbst."

Das Totenbewachen hatte eine lange Tradition. Wer es nicht mit der nötigen Andacht und dem gebührenden Respekt hielt, hatte sogar eine Strafe zu erwarten, wie einem Urteil des Hofmarksrichters von Haag zu entnehmen ist:[13]

„Als die Schuster Leopoldin von Attenkirchen starb, ist ihr Leichnam bis zum Begräbnis zu Hause auf dem Brett gelegen. Der Bäkkersohn Matthias Koch, der Kratzmayrknecht Jakob Huber, der Schmiedsohn Joseph Wagner, der Webergeselle Johannes Hölzel, der Sellmayrknecht Lorenz Frank und Johannes Lerchel, Dienstknecht beim Bauern allda, haben während ihrer Anwesenheit als Wächter von Mitternacht bis zum anbrechenden Tag ungebührlich und wider die christliche Wohlanständigkeit mit Kartenspiel zugebracht. So hat man ihnen dieses nicht allein allen Ernstes verwiesen, sondern auch zur wohlverdienten Strafe gerechnet, jedem 60 Pf."

Die Aufbahrung und Aufbewahrung der Leichen bis zur Beerdigung im Hause war so lange üblich, bis auch die Gemeinden auf dem Land in verstärktem Maße ab etwa 1950 Leichenhäuser bauten. Seither erfolgt alsbald nach dem Tod die Beisetzung im Leichenhaus. Örtlich verschieden, aber überwiegend noch bis in die 50iger Jahre des 20. Jahrhunderts, ging bei einem Sterbefall der Totengräber oder das „Totenwei" von Haus zu Haus und verkündete den Tod und den Zeitpunkt der Beerdigung, es wurde „eig'sagt".

Wer heute zu Beginn des 21. Jahrhunderts schwer krank und vom Tode bedroht ist, kommt in ein Krankenhaus. Je nach dem Wunsch des Kranken oder der Angehörigen reicht dort ein Geistlicher die Krankensalbung, das Sterben vollzieht sich meist abgeschirmt und in Stille. Ein Bestattungsunternehmen erledigt alle Formalitäten, hin bis zur Überführung ins Leichenhaus, Grabaushebung und -schließung. Der örtliche Totengraber ist verschwunden und die „sechs Bretter" (Sarg) fertigt auch nicht mehr der Schreiner vor Ort, sondern die hat das Bestattungsunternehmen in jeder Preislage auf Vorrat. An vielen Orten werden an den Tagen zwischen Tod und Begräbnis noch Rosenkränze gebetet. Noch lange bis nach dem Zweiten Weltkrieg waren am Tag des Begräbnisses neben dem Trauergottesdienst zwei Beimessen üblich, wobei eine christliche Beerdigung immer am Vormittag statt fand. Heute, da der oft für mehrere Pfarreien gleichzeitig zuständige Priester an den Vormittagen auch noch Schulunterricht halten muß und im übrigen auch die Ministranten im Unterricht stecken, finden die Beerdigungen überwiegend am Nachmittag statt. Dies führt auch dazu, dass zum Leichenschmaus (Kremess) nicht mehr eine warme Mahlzeit sondern nur mehr Kaffee und Kuchen oder eine Brotzeit gereicht werden.

Quellenangaben:

1 Brückl, Josef: Siechendorf und rundherum ist Heimat.
2 Widmann, Adolf: Chronik von Wolfersdorf.
3 Wie Nr. 2.
4 Schmid, Johann: Die Geschichte des Marktes und der Pfarrei Au i.d. Hallertau.
5 Seydel, Erich, in: „Bayerland", illustrierte bayerische Monatsschrift, 1956.
6 Hazzi Joseph: Statistische Aufschlüsse über das Herzogtum Baiern aus echten Quellen geschöpft. Ein Beitrag zur Länder- und Menschenkunde, Bd. 4 1801/08.
7 Widmann, Adolf: Berghaselbach, seine Anwesen und Bewohner.
8 Verkündbuch zur Pfarrei Reichertshausen 1861/1866.
9 Lipowsky, Felix Friedrich: Darstellung des sozialen und wirtschaftlichen Volkslebens des kgl. bay. Landgerichts Moosburg.
10 Brückl, Josef: Ampertshausen, ein Dorf in der Hallertau.
11 Wie Nr. 9.
12 Prechtl, Dr. Johann Baptist: Urkunden aus dem Schloßarchiv zu Au i.d. Hallertau.
13 StAM, Briefprotokoll 158 vom 21.4.1784

Die heutigen Gemeinden sind zu Beginn des 19. Jahrhunderts entstanden. Bis ins 19. Jahrhundert lag die öffentliche Verwaltung weitgehend bei den Gerichten, wobei zwischen der Hoch- und der Niedergerichtsbarkeit unterschieden wurde. Gerichte auf der untersten Ebene waren die Hofmarken, bzw. die Hofmarksgerichte. Der Hofmarksherr übte in seinem Bereich die niedere Gerichtsbarkeit aus. Die Hofmark Sünzhausen, nun Schweitenkirchen, Landkreis Pfaffenhofen, befand sich im Besitz der Grafen Lodron zu Haag a.d. Amper. In deren Haager Gerichtsstube wurden auch die kleinen Vergehen wie Beleidigung, Kirchenschwänzen, Fluchen, Ungehorsam, Raufereien und vor allem Verstöße wider das 6. Gebot verhandelt. Für Kapitalverbrechen war Moosburg zuständig.

DIE GERICHTSSTUBE DES HOFMARKSHERREN

Der Hofmarksherr hatte einen eigenen Richter angestellt, dem ein Amtmann, ein Polizist, zur Seite stand. Dieser hatte die „Übeltäter" zur Anzeige zu bringen, vorzuführen, einzusperren und zu pfänden und, wenn es sein musste, auch gehörig zu züchtigen. Sogar auswärtige Gesetzesübertreter konnten in Haag abgeurteilt werden, wenn ihr Vergehen in der Hofmark geschah oder die Person im Gerichtsbezirk aufgegriffen wurde.

Der in Siechendorf, Gemeinde Zolling, beheimatete Heimatforscher Josef Brückl hat die Verhörsprotokolle des Haager Gerichts erforscht und aufbereitet. Aus seinem Nachlass werden nachfolgend Verhandlungsprotokolle und Urteile widergegeben, die sich vorwiegend auf Bürger der ehemaligen Hofmark Sünzhausen aber auch aus der weiteren Umgebung beziehen. Sie gewähren einen tiefen Einblick in das dörfliche Leben der alten Zeit und auch darauf, wie streng das Auge des Gesetzes auf unseren Vorfahren ruhte. Die Urteile sind vorwiegend den Briefprotokollen des Amtsgerichts Moosburg, verwahrt beim Staatsarchiv München, entnommen.

Amtsstrafe

16.9.1775: Der Wirt von Sünzhausen, Johannes Mayr, unterstand sich, am Sonntag, dem 20. Mai, Musikanten spielen zu lassen. Damit verstieß er wieder das allgemeine Landesverbot, vermöge dessen es ausdrücklich verboten ist, in der Zeit, da das Getreide auf dem Halm steht, Spielleute zu halten. Er versündigte sich um so mehr, als es ihm der Amtmann vorher besonders untersagt hatte. Aus diesem Grunde musste der Wirt neben einem Verweis auch eine Geldstrafe von 1 Pfd. Pfennigen (Pf) entrichten. Daneben musste er der Kirche 1 Pfd. Wachs zu 1 fl 20 kr geben.

Beichten

22.12.1761: Aus einem Beschwerdeschreiben des Pfarrers von Schweitenkirchen an die Herrschaft in Haag geht hervor, dass der Wirt und die alte Scheyrlin zu Sünzhausen „wider die allbekannte Kirchenordnung zu Au die Beicht und Communion verrichtet" haben. Der Wirt rechtfertigt sich und verweist auf den verstorbenen Provisor, der hätte bestätigen können, dass er die ausdrückliche Erlaubnis hat, die österliche Beichte und Communion in Au zu verrichten, zumal er dort in die Bruderschaft eingeschrieben sei. Der Wirt geht auch noch zum Gegenangriff über. Der Herr Pfarrer habe „seine Schuldigkeit unterlassen und nicht, wie von alters her, zu Sünzhausen im Gotteshaus der Filialgemeinde die heilige Communion gereicht". Er hofft daher, nicht im geringsten etwas strafwürdiges ausgeübt zu haben. Auch die Scheyrlin beansprucht für sich dieses Recht.

Das Hofmarkgericht Haag befragt daraufhin Zeugen aus Sünzhausen zur Beschwerde des Pfarrers aus Schweitenkirchen. Der Wirt Johannes Mayr mutmast, dass der Pfarrer von Schweitenkirchen deshalb nicht mehr nach Sünzhausen kommt, weil ihm dort die „Gsellherrnsammlung" verweigert wurde. Zudem beklagt die Sünzhauser Seite, dass der Pfarrer keine Gottesdienste mehr in ihrer Kirche hält und deshalb auch die Totengebete unterlassen werden. Dagegen hält der Pfarrer Gottesdienst in Preinerszell und nimmt auch dort Verkündigungen vor. Dies nützt aber den Sünzhausern nichts, weil sie in das näher gelegene Abens zur Kirche gehen. Ebenso wollen die Sünzhauser von Opfer- und Kreuzgängen nichts wissen.

Das Wirtshaus in Sünzhausen mit der Filialkirche im Hintergrund.

Der Amtmann in Haag tat ob dieser gegenseitigen Anschuldigungen wohl das, was von den Verantwortlichen auch heute noch gerne getan wird: Vertrösten! Er versicherte den Sünzhausern das Vorgebrachte der Herrschaft vorzutragen und sie dann wieder zu verständigen. Weiteres ist nicht mehr zu lesen.

Dienstboten

28.2.1735: Der Wirt von Sünzhausen hat seinem ehemaligen Knecht, ehe und bevor selbiger aus dem Dienst gegangen, eine Ohrfeige versetzt. Der Wirt wurde mit einem Verweis belegt und mit 120 Pf. bestraft.

19.9.1788: Anton Rottenwollner, Jetzlmayr nächst Sünzhausen, wurde von seiner Dienstmagd Maria Schreinerin verklagt, weil er sie ohne alle Ursache „mit Schlägen traktiert" hat. Obzwar der Jetzlmayr anfänglich widersprach, so hat sich die Aussage der Dienstmagd auf Grund von Zeugenaussagen doch bestätigt. Es stellte sich des weitern heraus, dass der Beklagte die Klägerin eine „Schwenkmacherin" nannte.

Der Jetzlmayr wurde wegen seines ungebührlichen Verhaltens ernstlich verwiesen und die Schmähung wurde ex officio aufgehoben. Damit er in Zukunft mit seinen Ehhalten mit gebührender Bescheidenheit umgehe, wird ihm bedeutet, dass er im Wiederholungsfalle mit einem schärferen Einsehen rechnen müsse. Für diesmal wird ihm eine Geldstrafe von 180 Pf. diktiert.

14.6.1790: Maria Eisenmännin, Wirtsdirn zu Sünzhausen, gebürtige Geierstochter von Hirschhausen, hat den Dienstknecht Josef Grämmer, ebenfalls beim Wirt, ordentlich verklagt. Der Beklagte hat sie mit Schlägen traktiert. Der Beklagte hingegen erinnert, dass er ihr zwar einen Schlag ins Gesicht und einen auf den Arm gegeben habe, weil sie ihm aus dem Rossstall den Futterhaber genommen habe. Auch hat sie des öfteren ihn einen Hurenschwanz geschändet. Dies aber bestreitet die Klägerin. Der Beklagte aber gibt an, dies beweisen zu können. Er gibt den hiesigen Kramer als Zeugen an. Nach dessen Aussage wird das Gericht entscheiden, was Rechtens ist.

22.6.1791: Johann Popp, Tafernwirt zu Sünzhausen, beschwert sich bei Gericht wider Barbara Voglin, weil sie ohne Ursach aus dem Dienst getreten ist. Auch sie selbst kann keine hinlängliche Ursache angeben.

Es wird derselben das eigenmächtige Austreten aus dem Dienst schärfstens verwiesen. Ferner wird ihr aufgetragen, wieder in den vorigen Dienst einzutreten. Wenn sie jedoch glaubt, begründete Beschwerde vorzubringen, dann soll sie dies bei Amt anzeigen. Wegen des dermaligen Vergehens wird sie verurteilt, „1 Stunde in der Geigen" zu tragen. Der Wirt verlangt keinen Schadenersatz.

4.2.1799: Gregori Burghofer aus Geisenfeld, Ochsenknecht im Schloss zu Haag, ist seit seinem Dienstbeginn vor einem Jahr in seinen Verrichtungen so nachlässig, faul und träge gewesen, dass die nötigen Arbeiten von ihm keineswegs versehen wurden. Allgemein beschwerte man sich über ihn, da er jedem mit einem schlimmen und groben Maul begegnete. Kürzlich, als einige Ochsen für die Malzmühle verlangt wurden, hat er keine Ochsen gebracht, sondern statt dessen zur Antwort gegeben, dass man ihn S.v. lecken solle. Dies verstieß sowohl gegen den Respekt und verzögerte auch die Arbeiten. Wenn dieser Fall unbestraft bleibe, könnten auch andere sich erfrechen, so aufzutreten.

So hat man demselben solch unanständiges Betragen schärfstens verwiesen. Damit er sich in Zukunft ordentlicher führe, kommt er eine Stunde in den Stock.

Ehekrach

18.4.1780: Walburga Mayerin, Wirtin zu Sünzhausen, erscheint unter Beistand ihres Schwagers, Christoph Eichel, Wirt zu Wolfersdorf, „mit wehmütiger Beschwerde, dass sie von ihrem Ehemann ohne alle Ursache gegen 6 Jahre her immer sehr hart gehalten, auch wirklich mit Schlägen misshandelt werde". Die Ursache hierzu sei hauptsächlich keine andere als die bereits 6 Jahre bei ihnen in Diensten stehende Magd Ursula, eine Tochter des Geyers zu Hirschhausen. Sie ist es, die unter uns Eheleuten beständige Meutereien stiftet und zu unterhalten sucht. Es ist nun so, dass die Wirtin seit Sebastiani von ihrem Wirt nicht mehr in die Schlafkammer gelassen werde, „weniger derselben von ihm in dieser Zeit beigewohnt worden". Die Wirtin beklagt sich weiter darüber, dass sie der Wirt vor den Gästen schon des öfteren wie folgt feilgeboten hat: „Kaufet mir meine Rippen ab, sie ist mir täglich teil." Sie betont, dass sie sich endlich zu diesem Schritt entschlossen habe und bittet, sie in obrigkeitlichen Schutz zu nehmen und in der entstandenen Feindseligkeit dermaßen zu vermitteln, dass unter ihnen ein christliches Hauswesen, somit Friede und Eintracht, wieder eingeführt werden möchte.

Der Tafernwirt Johannes Mayr rechtfertigt sich vor Gericht fogendermaßen:

1. *Was das Hudeln und Schlagen betrifft, so geschehe dies niemals ohne Ursache, sondern „nach Verdienst und mit Bescheidenheit".*
2. *Dass die Magd an der Zerfallung die Ursache sein solle, ist eine Schutzbehauptung. Es steht der Wirtin ja frei, sie aus dem Dienst zu entlassen.*
3. *Den Schlüssel zur Schlafkammer besitzt die Wirtin. Er habe ihr Eingang und die Beiwohnung niemals verwehrt.*
4. *Er könne zwar nicht wiedersprechen, dass er seine Wirtin bei den Gästen einige Male feil geboten habe. Es war aber in purem Spass und am allerwenigsten Ernst gemeint.*

Im übrigen ist es ganz und gar nichts Neues, dass sich Eheleute zerfallen. Man kann aber wieder gut Freund werden, „und er verlange solches seinerseits allerdings".

Vor Gericht kommt es zu folgendem Vergleich:

„Auf obrigkeitliches, nachdrückliches Zusprechen ... haben sich beide gegenwärtigen Teile vor Amt wieder gänzlich zusammen verstanden. Eines will dem anderen die bisher unterlaufenen Fehler und Missverständnisse verzeihen. Sie geloben, dass sie von nun an friedlich und christlich, so wie es sich für wackere Eheleute geziemt, hausen, wirtschaften und miteinander leben wollen. Dazu sind sie ex officio angewiesen worden. Zugleich wurden sie befohlen, dass die Magd, von welcher die Feindseligkeiten ursprünglich herrühren, ohne weiteres aus dem Dienst entlassen werden solle."

Die Wirtsleut von Sünzhausen haben dennoch nicht gut gehaust, denn am 29.3.1790 hält sich die Wirtin beim Metzger in Wolfersdorf auf und klagt erneut gegen ihren Ehemann. Diesmal soll er den seit drei Jahren ausstehenden Herbergszins nicht entrichtet haben. Ferner schuldet er 12 Pfd. Leinöl für drei Jahre und 3 Viertel Bayerische Rüben.

Der Beklagte gibt die Verfehlungen zu. Vom Amtmann wird ihm aufgetragen, den Herbergszins sogleich zu zahlen und die 12 Pfd. Leinöl in natura zu reichen. Statt der eingeklagten 2 Vierlinge Bayerischer Rüben hat er im Herbst 2 Vierlinge neben dem laufenden abzuführen.

Die Liebe in alten Gerichtsprotokollen

Vor einigen hundert Jahren galten Liebeslust und -freude als verwerflich und strafbar. So spielten bei einer Verheiratung weniger Zunigung und gemeinsame Interessen eine Rolle, als vielmehr Vermögen und Mitgift. Die Obrigkeit behielt sich das Recht vor, die Erlaubnis zur Eheschließung von Fall zu Fall zu erteilen. Den erbetenen Heiratskonsens konnte nur erhalten, wer ein Anwesen besaß oder ein Amt bekleidete, das eine Familie ernährte.

Wer es aber dennoch wagte, vor dem erteilten Konsens und ohne priesterliche Einsegnug einen Vorschuss auf eheliche Freuden zu nehmen, musste - sofern die Sache aufkam - mit empfindlichen Geld- und Gefängnisstrafen rechnen. Selbst eine erfolgte Eheschließung bewahrte die „Verbrecher", wie die ledigen Kindsväter und -mütter im amtlichen Gerichtsdeutsch bezeichnet wurden, nicht vor der Strafverfolgung.

Über die verhängten Strafen legen die sog. Verhörsprotokolle des Hofmarksgerichtes Haag a.d. Amper, wohin die Bauern aus Sünzhausen „gerichtsmassig" gehörten, Zeugnis ab.

Am 9. Januar 1680 stand Georg Erbmayr, Wirtssohn aus Sünzhausen, vor dem Hofmarksrichter. Er hatte die ebenfalls ledige Maria Eberl „in Unehren eines Kindes geschwängert". Der Richter verurteilte ihn zu einer Haftstrafe von 14 Tagen in Fußschellen. Maria Eberl erhielt ebenfalls 14 Tage Haft jedoch mit der Geige. Beide hatten ihre Strafe im Haager Amtshaus zu verbüßen. Der Delinquent hatte darüber hinaus noch eine Geldbuße in Höhe von 3 Pfd. Pf zu entzrichten; die Delinquentin zahlte 2 Pfd. Pf. (Für 1 Pfd. Pf bekam man damals etwa 35 Mass Bier. Ein Oberknecht musste ca. 5 Wochen hierfür arbeiten.)

Wegen des Kindes schlossen die beiden folgenden Vergleich: Georg Erbmayr zahlte an seine Freundin Maria Eberl aus Hemhausen für die „kindszucht und anderem" in allem 50 fl (Gulden, 1 fl entsprach 210 Pf, 1 Pfd. Pf = 240 Pf) und 1 Viertel Weizen. Dafür hat die Kindsmutter die Verpflichtung, das Kind Zeit seines Lebens „lebendig und todt" zu versorgen. Sie hat an den Kindsvater weder Forderungen noch Zuspruch zu begehren.

Kurz darauf (24.1.1680) standen Martin Lechner und dessen Eheweib Rosina vor dem gestrengen Richter. Martin, Sohn des Adam und der Ursula Lechner aus Sünzhausen, hatte seine nunmehrige Hausfrau Rosina in der redo. (= mit Verlaub) Leichtfertigkeit vor der ehelichen Zusammenkunft eines Kindes geschwängert. Beide wurden in „favorem matrimoni" (zugunsten der Ehe) zwei Tage lang mit geringer Atzung im Amtshaus gefangen gehalten; außerdem zahlten sie zusammen 5 Pfd. Pf als Strafe.

DER GUMPP UND DER GÄNSWÜRGER, ZWEI HINTERLISTIGE RAUBMÖRDER

Gegen Ende des vorigen Jahrhunderts trieben in der Hallertau zwei Raubmörder ihr Unwesen, an die sogar noch eine von Josef Eberwein gesammelte Volksweise erinnert:[1] „Es war'n amoi zwoa Räubersg'selln drunt in da Holledau ...!" Gumpp und Gänswürger hießen sie.[2] Gumpp und Gänswürger waren zwei Schelme übelster Art. Eduard Gänswürger hieß der eine dieser Raubgesellen, der andere in Wirklichkeit Ferdinand Gumpp, denn seinerzeit nannte man ihn überall „Seitzfendi". Gänswürger war groß, breitschultrig, jedoch schlank und Gumpp als klein, untersetzt, fast schmächtig bekannt. Gerade dieser Gumpp mit seinen knapp einen Meter sechzig hatte Bärenkräfte, war schnell und gewandt und ein „Raufer", wie er im Buche steht. Gänswürger stand ihm aber hier nicht viel nach.

Der Steckbrief

In der Rubrik „Besondere Kennzeichen" ihres Steckbriefes wurden bei beiden Hieb- und Stichverletzungen auf der Stirne angegeben, die sie sich sicher bei den damals recht häufigen Wirtshausraufereien zugezogen hatten. Abgesehen von ihrer unterschiedlichen Körpergröße glichen sich beide sonst wie ein Ei dem anderen. Alle zwei waren auch im sogenannten Donaumoos geboren. Beide waren Söhne armer Kolonisten. So nannte man damals noch die Nachkommen der ehemaligen Strafgefangenen, die durch des Kurfürsten Karl Theodor „Huld" - es gibt sogar den Ort „Karlshuld" - zur Urbarmachung des unfruchtbaren, sumpfigen Landstriches an der Donau dort angesiedelt wurden. Im Lebensalter lagen Gumpp und Gänswürger ein gutes halbes Jahr auseinander. Sie drückten die selbe Schulbank. In der Dorfschule taugten sie ebenso wenig wie in der Lehre, der sie

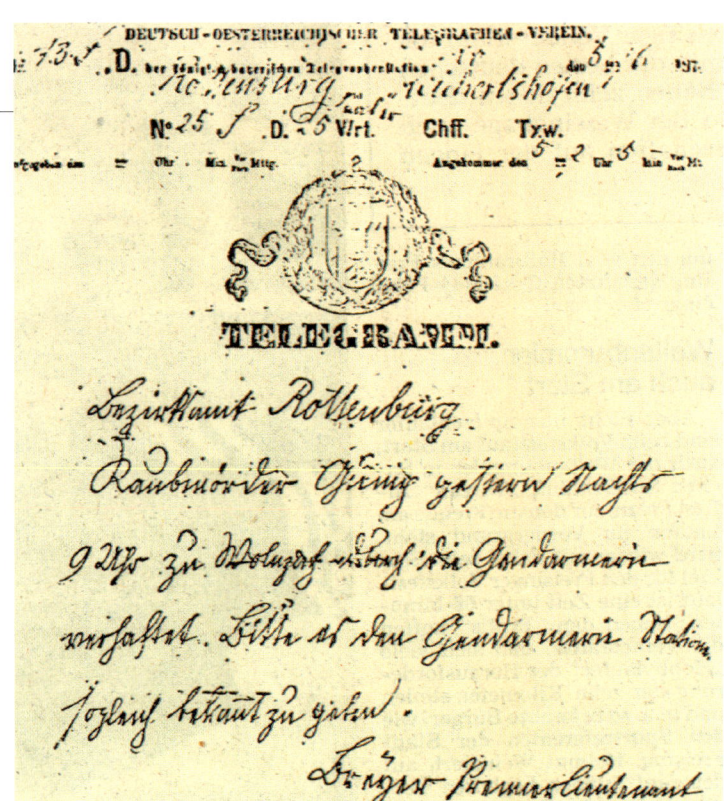

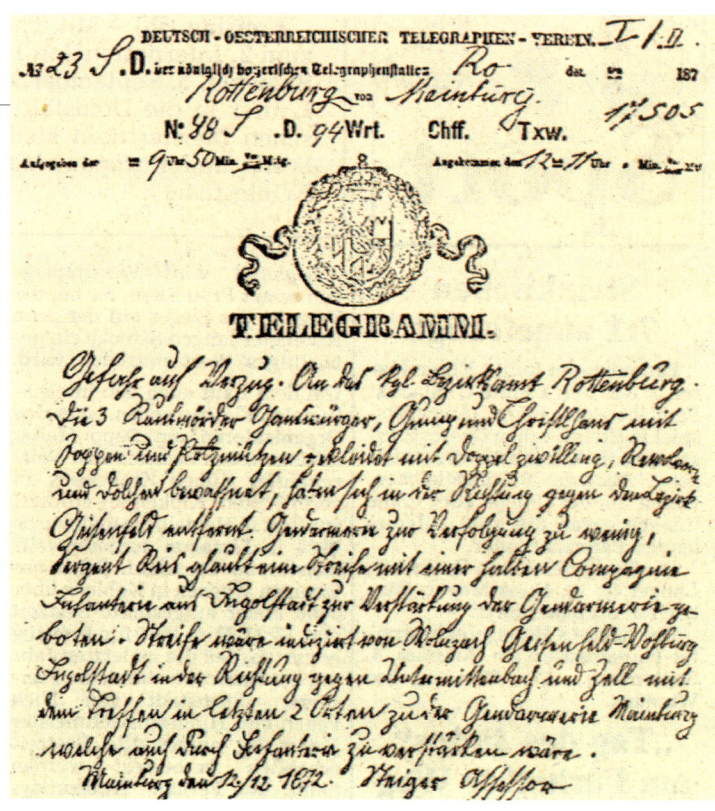

sich beim alten Schreinermeister unterzogen hatten. Die Arbeit wollte ihnen gar nie so recht schmecken, zumal sie ein viel besseres Geschick zu einem ganz anderen „Handwerk" entdeckt hatten. Hier strengten sie sich an!

Wildern, der Einstieg in das Verbrechen

Mit Wildern begann das andere Leben. Dann waren es Diebstähle, bald schreckten sie auch vor einem Kircheneinbruch nicht mehr zurück. Als sie bei dem Schreinermeister ausgelernt hatten, waren sie zwar keine zünftigen Gesellen in diesem Fach, dafür um so gerissenere Wilderer und Einbrecher. Zehn Jahre ging es „gut"! Als die beiden Spießgesellen „ein besonderes Ding drehen" wollten, wurde Gänswürger erwischt.

Erstmals im Gefängnis

Eine langjährige Freiheitsstrafe sollte der nun 38-jährige in München im Zuchthaus in der Au absitzen. Er saß nicht lange. Ein Streich von seltener Unverfrorenheit macht seinen Namen in der Öffentlichkeit erstmals so richtig bekannt. Als ein Bauer mit seinem Fuhrwerk Kartoffeln in den Zuchthaushof brachte, wo Gänswürger gerade Holz zu hacken hatte, erkannte er blitzschnell seine Chance. Er sprang auf den Wa-

gen und versteckte sich unter den entleerten Kartoffelsäcken. Ungehindert passierte das Bauernfuhrwerk die Wache, denn keiner ahnte, welch seltene Fracht sich dort verborgen hatte. Diese gelungene Flucht sollte den Auftakt für eine wahre Schreckenszeit in der Hallertau bilden. Sofort suchte Gänswürger seinen alten Spießgesellen Gumpp auf. Weitere Taugenichtse und Halunken fanden sich ein. Man kannte sich aus gemeinsamer Zeit hinter den schwedischen Gardinen.

Der erste Raubmord

Die Untaten begannen mit einem Raubmord am 11. Dezember 1872. In der Nähe von Meilenhofen, einer Ortschaft an der Straße von Freising nach Abensberg, wurden am hellichten Tag drei Bauern ausgeraubt und zwei von ihnen erschossen. Kaum waren 48 Stunden vergangen, da überfielen die Banditen eine Poststelle. Drei Tage später wurden am hellichten Tag wieder auf offener Landstraße in der Nähe von Irsching drei Bauern überfallen. Auch sie mussten ihre Barschaft lassen, die man nach der Sitte der Zeit noch in der „Geldkatze", einem um den Leib gebundenen Gurt mit Geldtasche, mit sich herumschleppte. Man erzählte sich, dass das Geld, das der recht wohlhabende Hopfenbauer oder Viehhändler so herumtrug, so schwer war, dass selbst dessen

Gangart dadurch breiter und behäbiger wurde. Ohne Frage ein willkommenes Erkennungsmerkmal für das „geschulte Auge", das diesen Männern auflauerte. Die am 16. Dezember 1872 überfallenen drei Bauern ließ man gnädig am Leben, allerdings eine gehörige Tracht Prügel mussten sie sich gefallen lassen.

Die Räuber streiten untereinander

Wegen der Beute kamen Gumpp und Gänswürger sowie ein weiterer Kumpan in Streit. Der Komplize Johann Faltermeier glaubte von der Beute zu wenig bekommen zu haben. Gumpp machte kurzen Prozess und erschoss Faltermeier. Nachdem dessen Leiche in einem Straßengraben gefunden worden war, „entwickelten die Sicherheitsbehörden eine rastlose Tätigkeit", wie in einem zeitgenössischen Bericht zu lesen ist. „Die Bezirksämter veranlassten eine Reihe von Streifen..." hieß es weiter.

All diese Streifen blieben lange Zeit ohne Erfolg. Viele Leute machten sich aus Angst die Banditen zum Freund, versteckten sie, warnten sie von den „Greanen", den grünuniformierten Gendarmen, und führten diese sogar öfters durch falsche Angaben irre. Angst mag auch der Grund hierzu gewesen sein. Die Gendarmen hatten es in der Tat schwer. Ein Telefon gab es zwar in größeren Orten, Fahrrad und Auto kannte man jedoch noch nicht. Wie oft die Gendarmen auch alle verdächtigen Gehöfte, von denen es in der Hallertau so viele gibt, durchstreiften, immer kamen sie zu spät.

So blieb selbst der Großeinsatz mit 68 Gendarmen und Forstleuten erfolglos, den man am Dreikönigstag des Jahres 1873 unter Leitung des Herrn von Ruffin ansetzte.

Gänswürger wird erschossen

Nun verlor sich sogar die Spur der gesuchten Verbrecher vollkommen. Man glaubte schon, diese würden eine andere Gegend aufgesucht haben und nun dort ihr Unwesen treiben. Da wurde am 3. Februar 1873 eine Kramersfrau in Manching bei Ingolstadt tot aufgefunden. Noch forschte man nach den Tätern, als drei Tage danach auch Gänswürger dicht bei Manching erschossen aufgefunden wurde. Das Rätsel wurde später gelöst: Gänswürger hatte die Kramersfrau, die die Geliebte des Raubmörders Gumpp war, ermordet. Der aber rächte sich und brachte seinen Komplizen einfach um.

Erneute Großfahndung

In der Nacht zum 22. März 1873 wurde wiederum eine größere Streife - man hatte die Gendarmerie inzwischen verstärkt und unter den Befehl des Premierleutnant der Gendarmerie Breyer gestellt - durchgeführt und dabei hauptsächlich Karlskron in`s Auge gefasst. Etwa einen Kilometer von diesem Ort entfernt stand mitten zwischen den Feldern ein kleines Anwesen, das von einer ledigen Weibsperson bewohnt wurde. Diese Weibsperson war die Geliebte des Gumpp. Mitten in der Nacht lenkten dorthin die Stationskommandanten der Gendarmeriestation Hohenwart und Reichertshofen ihre Schritte. Auf die Aufforderung, man möge sie einlassen, öffnete sich ein Fenster, aus dem heraus schnell hintereinander drei Revolverschüsse fielen. Ein Polizist wurde schwer verletzt, Gumpp entkam wieder. Wie sich später bei der Vernehmung herausstellte, war Gumpp bei der Beerdigung unter den zahlreichen Trauergästen. Er hatte sich die Uniform eines Soldaten angezogen. Nachdem von Gumpp lange Zeit keine Spur mehr zu finden war, wurde er dann dennoch in den letzten Maitagen in der Gegend von Wolnzach aufgespürt.

Gumpp wird gefasst

Der 4. Juni 1873 sollte nun auch Gumpp zum Verhängnis werden. Am Abend dieses Tages ging er im Markt Wolnzach in einen Kramerladen. Die Kramerin erkannte den nun von allen gefürchteten Gumpp. Für einen Augenblick gelang es ihr, aus dem Laden zu verschwinden und die beiden am Ort stationierten Gendarmen verständigen zu lassen. Die beiden Ordnungshüter machten sich sofort auf den Weg. Da kam ihnen schon ein kleiner Bursche entgegen, der eiligst die Flucht ergriff, als er sie sah. Zur Alarmierung schossen sie mit ihren Pistolen in die Luft, denn der Flüchtige konnte ja nur der so lange gesuchte Raubmörder sein. Dadurch aufmerksam gemacht, stellte sich der Schäfflergeselle Joseph Horn, der gerade den Marktplatz überquerte, dem Flüchtigen in den Weg. Er warf ihn zu Boden. Gumpp wäre sicher wieder entkommen, denn er hatte den Schäffler mit einigen Messerstichen schwer verletzt, wenn nicht in diesem Augenblick die beiden Gendarmen gerade noch zur rechten Zeit erschienen wären.

Der wütend um sich schlagende und stechende Raubmörder wurde überwältigt, gefesselt und am 5. Juli 1873 nach München gebracht. Dort entging er, wie vor ihm seine Komplizen, dem irdischen Urteilsspruch. Der Seitzfendi, wie man ihn immer noch nannte, erkrankte während der Untersuchungshaft und starb in München am 25. November 1873.

DIE HOPFENZUPFERSCHLACHT VON AU

Während heute in der Hallertau die Hopfenzupf ähnlich einem Industriealltag abläuft - monotones Geratter der Pflückmaschinen, leises surren der Ventilatoren der Darren, gelegentliches Aufheulen von Schleppermotoren und menschenleere Dorfstraßen - tummelten sich vor mehr als 40 Jahren noch 125000 Hopfenpflücker in der Hallertau. Das sprunghafte Ansteigen der Bewohner eines Dorfes und dazu noch die Mischung von Einheimischen, Burschen und Männern aus dem Bayerischen Wald und Städterern brachte seine Probleme mit sich. Nicht selten kam es zu Umtrieben, Diebstählen und Raufereien. Die letzte große Hopfenzupferschlacht wurde 1955 in Au i.d. Hallertau ausgetragen und ein halbes Jahr später vor dem Schöffengericht in Landshut beendet.

Verstärkung der Gendarmerie

Dass mit der großen Menge von Hopfenzupfern auch allerhand zwielichtiges Volk in die Hallertau kam, das war schon immer so. Der Auer Chronist Johann Schmidt schreibt hierzu in seinem Bericht über den Neubau des Rathauses in Au, dass dort „im Kellergeschoß drei Haftlokale" eingerichtet und die besonders zur Zeit der Hopfenpflücke „von allerlei besseren Herren und Damen fleißig in Anspruch genommen wurden".[3] Weiter berichtet er, dass zu dieser Zeit die Gendarmeriestation um zwei Mann verstärkt wurde. In diesen Haftlokalen wurden 1906 insgesamt 86 Hopfenzupfer arretiert und an das Amtsgericht Mainburg zur „Weiterbehandlung" abgeliefert.

Tumult in der Gaststube

Machtlos waren dagegen die beiden Auer Ortspolizisten, als es im September 1955 in der Oberen Hauptstraße des Marktes zu einer wahren Straßenschlacht zwischen Hopfenzupfern und Einheimischen kam.[4] Begonnen hatte das Ganze im Nebenzimmer des Rosenwirts, wo am Abend des 10. September mehrere Hopfenpflücker zechten. Dabei soll die Schwester eines Pflückers, eine Jungfrau mit dem verheißungsvollen Namen Himmelstoß, von einem Auer Burschen belästigt worden sein. Das kränkte das bekannt zarte Moralempfinden einiger Hupfenzupfer ungemein. Was danach passierte, darf einem Zeitungsbericht entnommen werden: „Es gab einen Wirbel. Man schlug zu. Messer blitzten auf, ein Bauer mit dem omenhaften Namen Stich erhielt einen Stich in den Oberschenkel. Vergeblich tat der Wirt, was seit Erschaffung der Welt alle Wirte in solchen Situationen vergeblich taten, er plärrte und drohte, die Hopfenzupfer zu Weiswurstbraat zu verarbeiten. Vergebens! Da die starken Niederbayern schon beim Aufräumen waren, machten sie mit dem Ruf: „Erstechen tun wir euch alle" auch gleich im ganzen Gastzimmer sauber.

Zwei Hopfenpflücker drängten einen Auer in die Ecke und führten vor ihm einen Messertanz auf; dass dieser plötzlich stark zu bluten begann, musste wohl eine Stigmatisation sein, denn - wie sich später bei der Gerichtsverhandlung herausstellte - hatte natürlich niemand zugestochen. Die Auer Bürger flohen zum Teil durch das Fenster aus dem Lokal, ein anderer Teil verbarrikadierte sich im Klosett. So endete der Kampf zunächst.

Die gekränkte Ehre und die Revanche

Während sich die Hopfenzupfer nach diesem Dämmerschoppen zu friedlichem Schlummer in die Scheune ihres Hopfenbauern, dem Radlmeier-Metzger, begaben, drang Nachricht von der Scherzerei beim Rosenwirt in die Gaststube des Gasthauses „Zur Post", wo sich eine größere Anzahl Auer Burschen beim Schafkopfen von der Last des Tages erholten. Ob dieser Schmach überkam sie heiliger Zorn. Man erhob sich wie ein Mann. Auf dem Marsch zur Radlmeier-Scheune musste so mancher Zaun Latten lassen. In offenem Zug wurde Richtung auf das Quartier der Waldler genommen. Dort hatte man jedoch durch zwei Spätheimkehrer vom Aufmarsch Wind bekommen. Eine Hopfenzupferin namens Luise hatte mit sicherem Instinkt allerlei Brauchbares zurecht gelegt: Mistgabeln, solide Besenstiele, Prügel und Karoffelgabeln. Das Heer des Bayerischen Waldes war ausgerüstet. Einer der Verwegensten hatte sich zur Sicherheit noch ein Schlachtmesser unter den Hosenbund gesteckt.

Zwei Auer Gendarmen hielten das Heerlager zunächst noch in zwei

Die Marktstraße zwischen dem Gasthaus Rosenwirt und der schräg gegenüberliegenden
Metzgerei war der Schauplatz einer Rauferei
zwischen Einheimischen und Hopfenzupfern.

Fronten, im Hof die Hopfenzupfer, auf der Straße etwa 25 Auer Burschen. Als dann einer der Auer gar noch schrie: „Gehts raus, wenn`s à
Schneid habts. Jetzt san ma do", fühlten sich die Niederbayern an der
Ehre gepackt. Sie gingen hinaus. Aber wie! In wenigen Augenblicken
schlugen ein halbes Hundert Leute in der Finsternis wie rasend aufein-
ander ein. Hier darf nochmals eine kleine Blütenauslese stimmungsvoller Aussagen aus dem zeitgenössischen Bericht zitiert werden: „Alle
zwoa ham ma eahm mit der Zaunlattn aufn Kopf aufi`ghaut. Dann is er
umg`falln." „Solang hab`i eahm d`Mistgabl aufi`ghaut, bis dass obro-
cha is". „ … streckte einen Hopfenzupfer zu Boden, indem er ihm von
der Seite her einen Schlag ins Genick versetzte."

In diesem Kampf waren die Auer Polizisten machtlos. Das Schlacht-
geschehen nahm aber auch ohne Zutun ein jähes Ende. Ein von rauher
Hopfenzupferhand geschwungener Vorschlaghammer traf einen Knecht

im Kreuz. Dieser blieb bewusstlos liegen. Als er am andern Tag im
Krankenhaus aus der Vorschlaghammer-Narkose erwachte, hatte er
zwei Lungenstiche, einen Bauchstich, einen Herzbeutelstich und einen
tiefen Schnitt am Kopf. Damit hörte der Spass auf.

Ein halbes Jahr später wurde der Vorfall in einer zweitägigen Ver-
handlung vor dem Landshuter Schöffengericht nochmals aufgerollt.
Großes Zuschauerinteresse verfolgte den Prozess, bei dem es bei weitem nicht mehr so todernst zuging. Allerdings wurden 17 Hopfenpflücker und Burschen aus Au, einen Freispruch ausgenommen, zu Gefängnisstrafen von 4 bis zu 18 Monaten, meist mit Bewährung, verurteilt. Die bayerische Moritat, die letzte bekannte Hopfenzupferschlacht hatte ihr Ende gefunden.

DAS ROSS UND DIE LEGENDE VOM SCHIMMEL

Die Hallertau wird gelegentlich auch als Land der Schelme und
Schimmelfänger bezeichnet. Während sich noch 1861 ein Pferdediebstahl nachweisen läßt, gehört das oft zitierte Schimmelstehlen mehr in
das Reich der Fabel und Sage.

Im Gegensatz zum gemeinen Verbrecher ist der Schelm eher ein
kleiner Rechtsbrecher, der sich mit Tricks und List durchs Leben
schlägt. Um Nachweise für Delikte dieser Art aus der Hallertau zu finden, muß man schon ein, zwei Jahrhunderte zurückgehen. Man darf die
Geschehnisse, die der zweifelhaften und auch scherzhaften Landschaftsbezeichnung zu Grunde liegen, auch nicht unbedingt mit dem Hopfenanbau in Verbindung bringen, weil die Hopfenwirtschaft erst im 19.
Jahrhundert zur Entfaltung kam.

Der ehemalige Pfarrer von Reichertshausen, Dr. Johann Baptist
Prechtl, sieht Gründe für die scherzhafte Bezeichnung einerseits in der Ar-
mut dieser Gegend, andererseits in dem Umstand, dass durch diesen Landstrich die Landstraße von München nach Regensburg führte.[5] Auf ihr wurden immer schon wertvolle Handelsgüter transportiert. Verständlich, dass
am Straßenrand allerhand Gesindel lauerte. Dr. Prechtl stellt dazu 1862
fest, „daß jährlich über 5000 Handwerksburschen, Schauspieler, Gaukler,

Nach der einen haben sechs Burschen ausgerechnet am Fronleichnamsfest einen Schimmel gestohlen, den sie, zu Hause angekommen, frei laufen ließen. Da der Schimmel hungrig war, begann er das wegen des Festtages auf die Straße gestreute Gras zu fressen. Dem „Futterteppich" folgend kam er in die offen stehende Kapelle. Der Mesner, der am Abend die Türe schloss, bemerkte den Schimmel offenbar nicht und fand ihn verhungert erst ein Jahr später.

In der zweiten Fassung wurden die Pferdediebe sofort ertappt und verfolgt. In ihrer Not sperrten sie den Schimmel in eine am Wege stehende Kapelle. Da die Diebe eingeholt und gefangen wurden und sie das Versteck des Tieres nicht nannten, nahm der Schimmel auch in diesem Fall das bekannte Ende.

Guckkastenträger, Gradler, vacierende Subjekte, Hopfenbrocker, Schnitter usw. diesen Weg passieren." Bei einer solchen Ansammlung eben von Schelmen war es nicht verwunderlich, daß das Eigentum oft in Gefahr war.

Der Mangel an polizeilicher Überwachung trug das seine dazu bei. Nach einer Schilderung der Pfarrverhältnisse in Reichertshausen im Jahre 1759 bittet Pfarrer Vitus Schmaus um eine Stundung von Zehentgebühren, weil „hiesiger an der Landstraße gelegene Ort zu vorigen Kriegszeiten mit Durchzug, Einquartierung, Lieferungen und auch Gewalttätigkeiten vor andern Orten hart mitgenommen wurde und ich selbst Pferde und Vieh verlustig gegangen bin." Damit liegt einer von zahlreichen Pferdediebstählen auf der Hand. Der letzte aktenkundige Pferdediebstahl erfolgte 1861 beim Hauner, dem heutigen Wirt, in Berghaselbach.[6]

Der Schimmeldiebstahl, Dichtung und Wahrheit

Der Überlieferung nach wurde in einer Kapelle in der Hallertau ein verhungerter Schimmel gefunden. Das tragische Ende dieses edlen Tieres wird im allgemeinen in zwei Fassungen erzählt:

Um diese Grundfasssungen ranken sich noch viele Ergänzungen und örtlich verschiedene Lesarten. Am bekanntesten ist wohl jene, nach welcher der Schimmel halb verhundert gefunden worden sein soll und man ihm, Quasi zur Wiederbelebung, ein Schüpperl Heu in das Maul stopfte.

Der Ort der Handlung

Ist der Kern der Legende schon sagenumwoben genug, wird über den Ort des Geschehens noch mehr gerätselt. Während einige Geschichtsschreiber den Ort der Handluing nach Larsbach, nach St. Kastl, Sielstetten und Volkenschwand legen, wird auch Enzelhausen im Landkreis Freising, wo an der Bundesstraße von Feising nach Abensberg auf einem Hügel die heute noch so genannte Schimmelkapelle steht, genannt. Der ehemalige Moosburger Landgerichtsassessor Felix Friedrich Lipowsky glaubt sogar, daß der Schimmeldiebstahl geschah, als neun Hallertauer auf einer Wallfahrt nach St. Kastulus in Moosburg unterwegs waren, sechs Mann sich entfernten und dabei einen Schimmel beseite schafften.[7]

…ei fein herausge-
…zte Rösser, der
…olz eines jeden Hal-
…tauer Bauern.

115

Szene aus dem „Holledauer Schimmel", gespielt von der Laienspielgemeinschaft Freising, in Vordergrund v.l. Ludwig Kropp, Wolfgang Schnetz, Angela Flor und Hans Eberl.

Die Version im Theater

Alois Johannes Lippl legt den Schimmeldiebstahl in die allerdings erfundenen Orte Haselbach und Banzing. Er läßt den Schimmel einmal vom reichen Bräu und dann vom armen Züwerl Toni stehlen. Auch bei Lippl landet das Tier in der Kapelle.

Die Hege und Pflege, die der Bauer dem Pferd angedeihen ließ, der Wert der ihm zukam und die Diebstähle führten dazu, dass das Pferd einfach im Gespräch war. Die Sprüche über die Schönheit und die Güte des Pferdes, die blühende Phatasie und auch die Ausreden, die Diebe gebrauchen mussten, haben sicher zur Glorifizierung des Pferdes und zur Legendenbildung geführt.

Quellenangaben:
1 Eberwein, Michl: Das Eberwein-Lieder-buch, 1980.
2 Widmann, Adolf: Freisinger Tagblatt, 1. September 1987.
3 Schmid, Johann: Die Geschichte des Marktes und der Pfarrei Au i.d. Hallertau.
4 Landshuter Zeitung, 25./26. Februar 1956.
5 Prechtl, Dr. Johann Baptist: Urkunden aus dem Schloßarchive zu Au i.d. Hallertau.
6 Wie Nr. 5.
7 Lipowsky, Felix Friedrich: Darstellung des sozialen und wirtschaftlichen Volkslebens des kön. bay. Landgerichtsbezirkes Moosburg

DER SPRACHSCHATZ DER HALLERTAU

In der Hallertau wird kein eigener Dialekt gesprochen, „Baierisch" klingt aber in der Hallertau anders als im Gebirge oder in der Oberpfalz (in Volkskunde und Sprachwissenschaft wird die Schreibung mit ai verwendet). Diese Sprache verquickt nordbaierische Elemente mit dem Mittelbaierischen. Bis vor kurzem lag keine eingehende Untersuchung über die Mundart in der Hallertau vor. Selbst Andreas Schmeller hat in seinem Werk „Mundarten Baierns" (1821) das Land zwischen Isar und Donau ausgeklammert. Diese Lücke schloss nun Ludwig Zehentner in seinem 1978 erschienen Buch: „Die Mundart der Hallertau". Dieser wissenschaftlichen Arbeit ist an dieser Stelle nichts hinzuzufügen. Es erscheint jedoch sinnvoll im Rahmen dieser Abhandlung über die Hallertau, Worte, Begriffe und Redewendungen festzuhalten und zu erläutern, die von den Jungen kaum mehr verstanden werden und quasi „vom Aussterben bedroht sind". Die Ursache mag darin liegen, dass es gewisse Dinge und Gegenstände nicht mehr gibt oder dass sie nicht mehr in Gebrauch sind, kann aber auch sein, dass sie anders, d.h. mit Ausdrücken des modernen Sprachgebrauchs bezeichnet werden.

Nachfolgend wird eine Auswahl von Wörtern und Redewendungen gebracht, die zum Wortschatz des Hallertauers gehören, die aber nicht mehr so gebräuchlich sind. Dem Verfasser ist bewusst, dass diese Abhandlung nicht jedem Anspruch gerecht werden wird, weil auch innerhalb der Hallertau bestimmte Gegenstände anders bezeichnet werden und weil das betreffende Wort oft schon von Ort zu Ort anders ausgesprochen wird. Trotzdem, der Versuch, manches vom Verschwinden zu bewahren, wird unternommen! Die Worte und Begriffe werden, alfabetisch aufgelistet, weitgehend in der Schriftsprache angeführt und erläutert. Soweit erforderlich wird auf Auslegungen, wie sie in den Werken von Andreas Schmeller und Ludwig Zehentner gebracht sind, zurückgegriffen.

Das vom Hallertauer in der Schrift verwendete „a" wird in zweierlei Klangfärbungen ausgesprochen: Zunächst ganz normal, nicht selten aber als helles „a". Dieses helle „a" wird nachfolgend mit einem Apostroph (`) gekennzeichnet.

Abessen, von etwas zuviel (zu oft) essen und deshalb nicht mehr mögen.

abfärbig (ofarwe), Fehlfarben, verschossen, ausgebleicht.

abgedreht, odraht (der is odraht), raffiniert, gewieft, durchtrieben („mit allen Wassern gewaschen).

abluchsen, jemanden etwas mit List abnehmen.

abluren, insgeheim abschauen.

abmurksen, umbringen, töten.

Abrahams Wurstkessel, ..damals warst Du noch in Abrahams W., noch nicht geboren.

Abseitl, kleines Zimmer (unter der Dachschräge), kleiner Anbau.

achetzen, ächzen, vor Schmerzen stöhnen.

a diam, manchmal.

Advokat, Rechtsanwalt, etwas advokatisch, gerichtsmassi regeln.

àgràtt, akkurat, genau.

Àhndl, Großmutter.

Ähnl, Großvater,

allweil (oiwei), immer, zu jeder Zeit.

Altane, säulengestützter Balkon.

Alte, der/die Ehemann, -frau.

Altheu, Heu vom ersten Grasschnitt (im Gegensatz zum Grummet).

Andivi, Endiviensalat.

andudln, antrinken.

Angel, Scharnier, Dorn an dem Tür oder Fenster beweglich befestigt sind.

Angel, Stachel von Biene und Wespe, „a Weps hot mi ganglt".

Anrichte (Oricht), niedriger Schrank mit einer Fläche zum Anrichten von Speisen, zum Bereitstellen von Geschirr.

anspinnen (ospinna), verehren, jemanden den Hof machen.

Anten, Ente.

Antara, Enterich.

Antlass, Fronleichnam.

antragen, anbieten.

Anwanden, Owendn, Ackerstreifen, auf dem mit dem Pflug gewendet wurde.

Armstützel, wollener oder aus einem Stoffrestl gefertigter Stutzen, der zum Schutz (bei der Ernte) aber auch zum Wärmen der Arme getragen wird.

Arn, Arnt, Ernte.

aufdünsten, aufbügeln; auch Lausbuben mit der „flachen Hand" erziehen bis die Hand brennt (schmerzt).

Auffahrtstag, das Fest Christihimmelfahrt.

aufleinen, auftauen.

Aus-Äpfel-Amen, Schluss ist`s.

Ausgezogene, Küchl, die innerhalb eines Wulstes, der durch „auseinanderziehen" des Teiges entsteht, eine dünne Teigschicht aufweisen, die fast durchsichtig ist, darum auch „Fensterküchl".

aussàckeln, ausnehmen, schröpfen.

auszuzeln, aussaugen, die Weisswurst aus der Haut saugen.

Austrag, bedeutet im bäuerlichen Bereich soviel wie im Ruhestand befindlich (im Austrag sein), aber auch die Gesamtheit dessen, was sich der Übergebende ausgenommen hat (Lebensmittel, Kleidung).

Auswärts, die Zeit am Ende des Winters, der Vorfrühling.

bacherlwarm, wohlig warm.

Bader, der Friseur; der Bader hat früher auf dem Dorf wöchentlich das Bad gerichtet und auch einfache ärztliche Verrichtungen geboten.

Bahnscheißer, Trödler, beim Schlittenfahren (und beim Eisstockschießen) in der Bahn stecken bleiben.

Bamps, kleines, meist lästiges Kind.

Bappen, finsteres Gesicht. (hoit dei Bappn, Aufforderung den Mund zu halten, still zu sein).

Barchant, Inlett, dichter Stoff zur Aufnahme der Federn für Bett und Kopfkissen.

Barren, Futtertrog aus Stein.

Base, Bàsl, Cousine.

Bàtzelaugn, vorstehende Augen.

Bauerndàtà, ungeschickter, dümmlicher Mensch.

Bamhackl, entzündete, ungepflegte Haut (wie geplatze Baumrinde) an Händen und Füßen; auch Schimpf- und Spottname.

Boandlkramer, volkstümlicher Name für den personifizierten Tod, bekannte Figur im Theaterstück: „Der Brandner Kasper und das ewige Leben".

Belli, der Kopf; auch eine Karte beim Watten (Kartenspiel).

Betläuten, das Ave-Maria-Läuten in der Frühe, am Mittag und Abend (zum Gebet läuten).

Beuscherl, aus Kalbslunge zubereitete süßsauere Speise.

bieseln, urinieren; auch dünn, fein regnen.

Bifang, erhöhter Ackerstreifen zwischen Furchen, Hopfenbifang.

Bigauderer, Truthahn.

Binkel, Beule z.B. an der Stirn nach einem Stoß; auch Schimpfname (ein feiner Binkel).

Bissgurn, zänkische, streitsüchtige Frau.

Bitschn, blecherne (Milch-) Kanne.

Blodern, Ausbeulung, auch bei Verbrennung auf der Haut entstanden (Brandblase); im Volksmund auch die Harnblase.

Bleckern, Bletsche, großes Blatt z.B. der Rübe; Bleschl scherzhaft für Zunge.

Bletzn, Blutkruste auf der Haut, eine sich von der Oberfläche ablösende Stelle, eine Blessur.

Blunze, aufgedunsene, schwerfällige Person; die Harnblase des Schweines; Bezeichnung auch für die Blutwurst.

Böhmàck, böhmàckln, Osteuropäer mit slawischer Muttersprache, teilweise auch Schimpfwort.

Bollen, wer Angst hat, der hat Bollen und die Bollen sind die Exkremente des Pferdes in rundlicher Form.

Bràckeln, ein Spiel, bei dem auf einem Stockerl Geld aufgelegt ist. Von einem entfernten Ziel aus muß das Stockerl z.B. mit einem

Holzscheitl oder Ketterl umgeworfen werden. Das Geld, das nach dem Sturz mit der Zahl nach oben liegt, kann als Siegprämie genommen werden.

Brandmetzger, ein Metzger der Hausschlachtungen durchführt und soweit auch in medizinischer Hinsicht kundig ist, dass er beim Schwein z.B. den Lungenbrand erkennen kann.

Brennsuppe, mit geröstetem Mehl bereitete Suppe, Einbrennsuppe.

Bries, Brustdrüse des Kalbs, auch milchweißes Fleischstück des Kalbes, das zur Briesmilzwurst verarbeitet wird.

Britschn, Geschlechtsteil beim weiblichen Rind; abfällige Bezeichnung für bösartige, aufsässige Frau.

Brunz, Urin; brunzn, bieseln; brunzdumm, äußerst dumm.

Bschoad, Mitbringsl vom Hochzeits- und Taufschmaus, getragen im Bschoadtüachl.

Büchslmadam, Frau, die ansich aus ärmlichen Verhältnissen stammt (auf die Sparbüchse angewiesen), aber vornehm tut und

sich auftackelt (fein heruageputzt).

Butzküa, (Fichten-) Tannenzapfen.

Chaise, Pferdekutsche mit aufklappbarem Dach.

Chàrivàri, Schmuckgehänge an der über dem Bauch getragenen Uhrkette.

Chevauleger, Schwolesche, angehöriger der leichten Kavalerie.

Dalk, dalkert, ungeschickter Mensch.

Dàmpferl, mit Mehl vermischter Sauerteig, der zum Backen von Schmalznudeln verwendet wird.

Datschi, Kuchen aus dünnem Hefeteig, mit Obst belegt und auf dem Blech gebacken.

Dachsen, grüne Zweige von Nadelbäumen.

Ded, Tauf- und Firmpatin (Pate).

Ditschi, komischer, flacher Hut.

Dimpel, stumpfsinniger Mensch, auch der Bierdimpel.

Dirn, Dienstmagd bei einem Bauern.

Dotschn, Steckrübe, zum Essen verwendet; auch abfällig für unbeholfenes Mädchen.

Dotsch, in der Pfanne gebackene, fladenartige Speise.

Drahdewixpfeiferl, aus Roggenmehl oder Kartoffelteig „gedrehte" fingerartige Nudeln in Salzwasser gekocht (Fingernudeln).

Dreiquartl-Privatier, älterer, ärmlicher Mann, der nicht in Arbeit steht und sich nur einen 3/4-Liter Bier leisten kann.

Dusel, unverdientes Glück; auch ein leichter Rausch.

Dutterer, unreifer junger Mann.

Egart, Egert, Fläche in der Landwirtschaft, die wechselweise als Acker und als Wiese benutzt wird.

Ehehalten, Knechte und Mägde auf dem Bauernhof (diejenigen, die zur Ehe -Familie- des Bauern halten).

eingeschicht, oagschichti, alleinstehend, unverheiratet.

Bifang

Einwärts, der Herbst (Gegenstück der Auswärts).

Erchtag, Dienstag.

Eselbank, die letzte Bank im Schulzimmer, auf der zumeist die dümmeren und die frechen Schüler sitzen mussten.

Etz, Flur, die Viehweide.

Fàckel, ein junges Schwein, scherzhaft auch ein Schmutzfink.

Fangermandl, Kinderspiel.

Fàtschn, lange Binde, Bandage.

Fechser, junger Trieb einer Pflanze, von dem eine neue gezogen wird; scherzhaft auch für Nachwuchs, ein Kind.

Feichte(n), Fichtenbaum.

Feim, Schaum auf dem Bier; auch vor dem Mund, feimen.

Feitl, billiges Taschenmesser.

Fieselarbeit, Tätigkeit, bei der es auf Genauigkeit ankommt, die nicht so leicht zu verrichten ist; auch Geflügel „abfieseln".

Fingernudel, s. Drahdewixpfeiferl.

Firta, ein halber Schurz zum Vorbinden.

Flederwisch, Gänseflügel, der zum Staubwischen dient.

Fletz, gepflasterter Gang im Bauernhaus.

Flins, Geld, Diridari, Gerstl.

Flitscherl, liederliches, leichtlebiges Mädchen.

Flucken, schlampige, flatterhafte Frau.

Fotz, Mundpartie; die Fotzn ist ein Hieb auf den Mund; g`fozert sein, bedeutet vorlaut, frech sein, s`Maul anhängen.

Fragner, Gemischtwarenhändler.

Frais, Froasln, Säuglingskrankheit; „in d`Froas foin", Kleinkind, das beim Schlaf den Mund bewegt, lacht; wer am Stammtisch dummes Zeug redet, „der froaslt ganz sche".

Fratz, lästiges, freches Kind.

Fretter, fretten, jemand, der sich mühsam durch`s Leben quält.

Fürfleck, Schurz für Männer, der Schaber.

Gabes, Kraut, Krautacker.

Gach, jäh, steil (Gelände).

Gackerl, das Ei; manchmal wegen der Form auch der Kopf.

Gangsteig, schmaler Fußweg über die Flur.

Gant, auf Gant kommen, in Konkurs geraten.

Ganter, Lagerplatz für Baumstämme; aber auch Untersatz für ein Bierfass.

gàmen, würgen, schlingen; aber auch füttern, „de Voglmutta gamet de Junga."

Ganges, Überkleid mit Ärmeln, das den Rumpf bedeckt, von Mann und Frau getragen.

Gäuwagerl, kleiner Pferdewagen mit dem in`s Gäu gefahren wird (über Land).

Gebetläuten, s. Betläuten.

Gfrett, Plage, Mühe, notdürftige Regelung.

Gfries, Gesicht, Grimasse.

Gehsthintri, Gehrock, Frack.

Gelte, Gefäß, Melkeimer.

Geltsgott, Dankeswort, vergelt`s Gott.

Glust, Gluster, Gelüste haben.

Grieß, à Grieß haben, begehrt sein; der Bursch reißt sich um ein Mädl, sie hat`s Grieß.

Germ, Backhefe.

Gerstl, Rollgerste; aber auch Geld, Diridari.

Gschau, Gesichtsausdruck; auch im Zusammenhang mit der Heirat, das künftige „Sach" anschauen.

Gscherr, Schreierei; aber auch „ein Gscherr haben", mit jemanden Schwierigkeiten haben; „wia der Herr so a`s Gscherr", (wie der Herr so seine Sachen).

Gschlàcht, hölzerne Einfassung beim Gewässerbau; „a`gschlachter Körper", ein schlanker, gut geformer Körper.

Geschnür, findet sich am Trachtenmieder, das „hinum, herum".

Gschwerl, Gesindel, unliebsame Leute.

Gschwisterkind, Cousin (Vetter), Cousine (Base)

Gsott, das gehäckselte Viehfutter aus Getreideresten und Stroh.

Gspusi, die Angebetete, Liebelei.

Gstanzl, meist lustiger Liedvers, Schnaderhüpferl.

Gesums, dummes Geschwätz.

Gefrett, Müh und Not haben.

Glasschermviertel, Ortsteil mit zweifelhaftem Ruf.

Gloifi, ungehobelter, dümmlicher Kerl.

Glufe, Sicherheitsnadel; „à Glufankopf", spasshafte Bezeichnung für Kopf.

Gnàck, Genick.

Gocks, steifer, schwarzer Hut mit rundem Kopf, wie ihn Charlie Chaplin trug.

God, Göt, Tauf- oder Firmpate.

Goggolorie, witziger, nicht ganz ernst zu nehmender Mensch.

Göpel, Antriebsvorrichtung, bei der Zugtiere an einer Hebelstange im Kreis gehen und damit einen großen Zahnkranz bewegen.

Goschn, Mund, Mundwerk.

Gottsacker, Friedhof.

Gràffl, Gerümpel, Unrat.

Grand, Wassertrog aus Stein.

Grandl, Wasserschiff beim Ofen.

Grant, schlechte Laune.

Grasslert, Äste, Reisig der Nadelbäume.

Gred, die Bedeutung wird klar in Verbindung mit dem Begriff „Greddachhaus", wonach die Gred die vor der Längsseite des Hauses unter dem Dachvorsprung liegende meist befestigte Antrittsfläche ist.

Gremes, der Leichenschmaus, das gemeinsame Mahl für die Trauergäste, die meist noch am Grabe dazu zum Wirt geladen werden.

Grischperl, ein schwächlicher Bursch, der „nix z`reißt.

Gronfleisch, wird in der Regel bei der Schlachtung eines Schweines als „Kesselfleisch" verzehrt und ist der Teil des Schlundes, der hinter der Zunge beginnt und bis in die Gegend des Herzens reicht. Die Hausfrau weiß sehr gut, woher dieser Name kommt: Es ist jenes Organ, mit dem das Schwein grunzt und der Ehemann gelegentlich „grot" (brummt, murrt).

Grummet, das Heu, das vom zweiten Schnitt stammt, im Gegensatz zum Altheu.

Groal, O-Beine, die Beine ungelenk durcheinander bringen.

Guatl, ein Bonbon, Süßigkeit.

Gugumerer, Gurke.

Guster, Appetit oder keinen Appetit haben.

Gütl, in der Landwirtschaft ein kleines Anwesen.

G`waiset, Besuch bei einer Mutter bald nach der Geburt eines Kindes und dabei etwas mitbringen.

Haber, Hafer (Getreide).

Hàchel: Gerät zur Flachsbearbeitung; auch ungehobelter Kerl.

Hadern, alter Stofffetzen; dazu auch Haderlump, ein liederlicher Mensch.

Haid, Haider, Hoat, Unordnung, Unrat; der Haider ist das Anwesen das früher auf der Haid, dem ungeordneten Wald stand.

Hamsterer, einer der insbesondere zu schlechten Zeiten bettelt (hamstert).

Haubenstock, die Haube ist eine Wollmütze, der Körperteil, auf dem sie sitzt, ist der Kopf; eine auf den Haubenstock hauen, das ist die Ohrfeige.

Heiter, Bezeichnung für ein ausge-

Gschnür

zehrtes, abgemagertes Pferd.

Hebwein, Feier, die der Bauherr nach der Fertigstellung eines Rohbaues für die Maurer und Zimmerleute gibt.

Heinze, Hoanzn, Lattengestell, auf das Heu zum Trocknen gegeben wird.

Heiß, das junge Pferd.

Herrgottswinkel, die Ecke in der Wohnstube des Bauern, in der der Herrgott, das Kruzifix, hängt.

Herzipopperl, das Lieblingskind, das meist bevorzugt wird.

Heugeige, s. Heinze; auch scherzhafte Bezeichnung für hochgewachsenes, weniger attraktives Mädchen. GErät zum Säen von Klee- (Gras-) samen

Hiarwa, altes verkommenes Haus, auch Herberge.

Hoagart, Veranstaltung mit Volksmusik und Gesang; ursprünglich auf dem Land Besuch beim Nachbarn zur Unterhal-

Gronfleisch

tung oft mit Gesang und Musizieren.

Hopperl, scherzhafte Bezeichnung für gutmütige, einfache Person.

Huaderer, Hutmacher.

Ibidum, „ich bin dumm", das steckt darin und wird als Name für eine Medizin verwendet, um die die Kinder am 1. April in die Apotheke geschickt werden.

Imp, Biene.

Impsumper, Bienenkorb.

Ingreisch, Eingeweide.

innawern, etwas erfahren.

Irxenschmalz, Muskelkraft in den Armen, in der Irxn (Schulter).

Jessàs, kommt vom Namen Jesus und ist ein Ausruf des Schreckens, der Verwunderung.

Kàluppe, altes, verkommenes Haus.

Kamoppel, tollpatschiger Mensch.

Kesselfleisch, ergibt sich bei der Schlachtung des Schweines, und zwar dadurch, dass Fleisch mit Innereien und Kopf samt den Ohren in einem großen Kessel gekocht und dann meist noch am Ort der Schlachtung verzehrt wird.

Kinihas, Stallhase; wird auch als Spottname verwendet.

Kirm, Rückentragekorb, der Hersteller ist der Kirbizäuner.

Kirta, Kirchweihfest, das in neuerer Zeit am 3. Sonntag des Oktober gefeiert wird.

Klaubauf, Begleiter des Nikolaus, Schreckensgestalt.

Kletzen, Dörrobst (Birnen, Zwetschgen); aber auch langweiliger, nicht all zu männlicher Mann.

Klumpsn, Riss, Spalt.

Klupperl, Wäscheklammer, auch Finger.

Knia(Knie)-schnackler, wenn vor Aufregung oder Angst die Knie zittern, dann ist das landläufig der „Kniaschnackler".

Kommodkasten, Schrank (Wohnzimmer) mit Schubladen und auch Fächern.

Kopperer, kräftiger Rülpser; koppen auch schimpfen und nörgeln.

Kràttler, Taugenichts; aber auch Mensch, der in ärmlichen Verhältnissen lebt.

Krowot, Schimpfname für ungehorsames Kind.

Kràxen, Traggestell mit Korb.

Kren, Meerrettich,

Kronfleisch, Rindfleisch, meist ein Stück vom Zwerchfell.

Kugelstatt, Kegelbahn.

Kummet, das Halsgeschirr für Zugtiere.

Kutteln, Innereien (essbar) vom Schlachtvieh.

Làckl, der derbe, grobe Kerl.

Langwied, beim Bauernwagen der Längsbalken, der Vorder- und Hinterteil zusammenhält (verbindet).

Lederapfel, Apfel, dem Boskop ähnlich (runzelige Schale).

Leiber, Soldat der dem königlich bayer. Leibregiment in München angehörte.

Leiten, hängiges Feld.

letz, ein letzer Bursch ist schneidig und auf `s Dirndl scharf.

Liwanzen, ein Reibedatschi aus Kartoffeln.

Lotter, ein lediger, frischer Bursch; aber: wer „loder beinand" ist, der ist wackelig, nicht ganz gesund.

Mahlgeld, bei einer Bauernhochzeit wird von den geladenen Gästen ein Beitrag für das Essen erhoben, das Mahlgeld.

Maiaff, nicht all zu ernst gemeintes Schimpfwort.

Manschester, Cord, gerippter Baumwollstoff.

Massel, unverdienter Weise Glück haben.

Mehlpapp, Brei aus Mehl, der als Klebstoff verwendet wird.

Mesner, der Kirchendiener.

Moar, grundsätzlich einer, der oben auf ist, der Erste; in früherer Zeit der Verwalter eines Hofes; beim Eisstockschießen der Spielführer, der, sofern eine Mannschaft einen Spieler weniger hat, auch zweimal schießen darf.

Montur, Arbeits- und Dienstkleidung; bei der Kartoffel die Schale.

Muhàckl, ungepflegter, grobschlächtiger Kerl.

Nàzi, Kurzform von Ignaz; auch Anhänger der nationalsozialistischen Partei.

Notnickel, Geizhals; aber auch armer Schlucker.

obringa, Altes abschaffen.

Oachkàtzlschwoaf, der Schweif des Eichkätzchens.

Oast, Eiterpustel.

Ochsenzwengzweng, aus dem für Speisen nicht zu gebrauchenden Teil des Ochsenschwanzes gefertigter Gegenstand, der meist zum zuschlagen verwendet wird und den auch der „Bauer geschwungen hat, als er den Hiasl vom Kammerfenster vertreiben wollte" (volkstümliche Ballade).

okentn, das Feuer anzünden.

Palmmutscherl, Weidenkätzchen.

Pàmperl, etwas kleines, wenig bedeutendes.

Pappendeckel, Karton.

Paraplui, Parasoi, Regenschirm.

Patscherl, Kind, Kinderhand; unbeholfene, tollpatschige Person.

Peckerer, Gebrechen, nervlicher Schaden.

Pemsel, großer Pinsel; abfällige Bezeichnung für einen älteren, schmierigen Mann.

Perpendickel, Pendel der Uhr.

Pfette, Längsbalken am Dachstuhl.

Pfinstag, der Donnerstag.

Pfüat Gott, Gruß, behüte dich Gott.

Pfundhammel, derbes Schimpfwort für grobes Mannsbild.

Pimperer, sexuell aktiver Mann, der gern „pimpert".

Platschàri, unförmiges, flächiges Gebilde.

Plempel, abgestandenes Bier.

Podegro, gichtähnliches Leiden.

Potschamperl, Nachttopf.

Pritschhaferl, einer, der ein Geheimnis weiter erzählt.

Progoderer, der Hochzeitslader und der Organisator der Hochzeitsfeier.

Protz, die Kröte; der Angeber, im Gegensatz zum Frosch, der das einfachere Tier ist. Nach dieser Auslegung waren im Volksmund die Bürger von Unterempfenbach die Frösche und die von Oberempfenbach die Protzen.

Quetschn, Ziehharmonika, Akkordeon.

Raffel, Heuraffel, gitterartige Vorrichtung zum Aufstecken von Heu; bösartige meist magere Frau.

Ràmme, ungehobelter Kerl; das Ramme ist auch die Kruste an Backwaren; das Nasenbomperl.

Ranne, Rahne, rote Rübe.

Reibach, hoher, oft unverdienter Gewinn.

Reiberl, Handgriff zum verschließen des Fensters; Bündel aus Stahldraht zum Reinigen von Geschirr.

Reißmatthias, Bezeichnung für Rheuma.

Remise, Schuppen, meist für landwirtschaftliche Geräte.

Ribisel, die Johannisbeeren.

Römische, Semmel aus feinem Roggenmehl.

Ross, das Pferd; Rossbollen der Pferdeapfel.

Ruoch, habgieriger, nimmersatter Mensch.

Rührkübel, das Fass in dem Milch zu Butter gerührt wird.

Sach, ist der Inbegriff all dessen was man hat, „auf`s Sach schaun".

Sàchel, kleines Bauernanwesen.

Sagleim, die von der Säge stammenden kleinen Späne.

Saxendi, leichter Fluch.

Schàber, Schurz für Männer.

Schandarm, der Polizist auf dem Land, abgekürzt Schandi.

Schanzl, kleines, leicht auszuführendes Amt, Posten.

Schar, Scharrinne, das von der Dachtraufe abgehende Wasser, das nun in der Dachrinne abgeleitet wird.

Schedern, das Kot an den Beinen der Tiere.

Schoaß, Pfurz, Darmwind; scherzhaft auch für kleines Kind.

Scheps, minderwertiges Bier.

Schilee (Gilet), die Weste.

schinàckeln, sich plagen, schwer arbeiten.

Schinder, wer jemanden zu übertriebener Arbeit zwingt, ist ein Schinder. Der Schinder ist aber auch der Wasenmeister, der verendetes Vieh beseitigt.

Schlampen, liederliche, unreinliche Frau; ein alter Stoffffetzen, alte Kleidung.

Schlàwàck, einer, dessen Sprache schlecht zu verstehen ist und dem man demzufolge eine schlechte Absicht unterstellt.

Schlenkeltage, Tage, an denen insbesondere die Dienstboten „herumschlenderten", nicht viel arbeiteten.

Schmài, Schnupftabak.

Schmirmführer, die Schmier ist das Fett, der Schmirmführer ist ein fettiger, unappetitlicher Mensch.

Schmiserl, Schmisettl, vorknöpfbare Hemdbrust; wer den andern beim Schmisettl packt, nimmt ihn eben an dieser Partie der Kleidung.

Schnalle, der Handgriff an Fenster und Türe sowie der Verschluss am Gürtel; das käufliche Mädchen; der Schnallentreiber ist

der Weiberheld, u.U. auch der Zuhälter.

Schuchsen, flacher Küchl aus Roggenmehl im Schmalz gebakken.

Schwemme, Wasserstelle, an der Pferde zum „Baden" gehen, gewaschen werden; Bezeichnung für einfachen Gastraum im Gasthaus.

Segerer, aus Stoff gefertigte große Einkaufstasche.

Seicher, feines Sieb.

Sölde, frühere Bezeichnung für Bauernanwesen mit wenig Grund, sein Besitzer war der Söldner, der nebenbei noch zur Arbeit gehen musste.

Spenser, Bekleidungsstück, knappe Unterjacke für Frauen; auch kurzer Trachten-Janker.

Spirifànkerl, der Satan, Teufel.

Springerl, Limonade.

Spritzl, die waagrechte Leitersprosse.

Spund, Stopsel zum Verschließen eines Fasses; junger, unerfahrener Mann.

Staritze, spitze Papiertüte.

Starz, an einem mehrteiligen Bauernwagen der hintere Teil, der meist für sich gelenkt werden kann.

Stempen, hölzerner Pfahl; kleiner, rundlicher Mann.

Sterz, der Strunk (Kern) in Krautköpfen; Speise aus Gries oder Kartoffeln, gebacken oder gekocht und in Stücke (Brocken) gestoßen.

Strizi, leichtlebiger Kerl, Gauner.

Tagwerk, Flächenmaß für den Grund, 3407 Quadratmeter.

Tenne, Teil einer Scheune, in dem Heu und Stroh gelagert werden; früher der Platz zum Dreschen.

Transch, Speise, die lieblos, wenig geschmackvoll zubereitet ist.

Tratschen, jemand, der ausplaudert, viel redet.

Trebern, ausgelaugtes Malz nach dem Brauen; Bezeichnung für leichten Rausch.

Triangel, Riss in dreiecksform in der Kleidung.

Tripstrill, so wird ein nicht existierender, beispielhaft angeführter Ort bezeichnet.

Trumm, generell ein Gegenstand, meist ein Teil eines Ganzen.

Tschàko, bestimmter Helm in früheren Tagen.

Tschamsterer, Liebhaber, Gspusi.

Tuchent, die Zudeck, das mit Federn gefüllte Oberbett.

Tüpferlscheißer, übergenauer Mensch, bei dem alles bis auf das i-Tüpferl stimmen muß.

Übergangl, kurzer Regen.

Überhirn, etwas mit viel Kraft, schnell und raffiniert tun; Redewendung: „Jetzt pack`ma`s üba Hirn, wia da Pfarrer d`Auferstehung".

Umgang, Bittgang, Prozession.

Vàkànz, Ferien.

Vehikel, sonderbares Fahrzeug.

verrecken, sterben (meist beim Vieh); um`s Verrecken: unter keinen Umständen, niemals.

Visàge, abfällige Bezeichnung für das Gesicht.

Vögerl, etwas zum Essen; entweder Roulade oder Küchl.

Voressen, Gericht zwischen Suppe und Hauptmalzeit; auch Speise aus Kuttelfleck in Einbrennsoße.

wacherlwarm - s. bacherlwarm.

Wachtl, spinnate, schrullige ältere Frau.

Wageisen, der abnehmbare Teil der Pflugschar, der auch immer wieder geschärft, gedengelt wird.

Wagscheitel, ein Teil der Anspannvorrichtung beim Wagen, an dem die Stränge der Zugtiere befestigt werden.

Waier, Woier, der Zügel, mit dem ein Gespann geführt wird.

Walgler, generell rundes Holz; das Nudelholz zum Teig ausrollen, das die Hausfrau auch schwingt, wenn der Mann mit einem „Walgler" (Rausch) heimkommt.

Wehdam, das Leiden, der Schmerz.

weißeln, mit Frabe anstreichen, kalken.

Weidling, ziemlich große, irdene Schüssel, vornehmlich zur Milchverarbeitung.

Wern, Gerstenkorn am Augenlid.

Widem, nutzbares Vermögen der Kirche, Grundstücke; der Widmann ist der Verwalter dieses Vermögens.

Wiesbaum, lange Stange, mit der Heu und Getreide in Längsrichtung auf dem Wagen niedergebunden werden.

Wuckerl, dicht gelocktes Haar; die Wuckerl sind die Gegenstände, an denen das Haar zu Locken aufgedreht wird.

Wuzerl, kleines Kind.

Xidi, Xaver; der Hanswurst, der Tölpl.

Zachäus, die Kirchweihfahne am Kirchturm.

Zähre, Träne.

Zaunsprissel, Spritzl, Zaunlatten.

Zenterling, ein Stück Fleisch in der Größe einer halben Schweinshälfte (heute kleiner), das geselcht (geräuchert) ist.

Ziach, Ziehharmonika.

Zottern, ungepflegte längere Haare; Schimpfwort für Frau.

Zuber, Schäffl, vornehmlich zur Aufnahme von Fleisch, das darin zum Selchen vorbereitet (gesurt) wird; dort hinein wird auch Kraut eingeschnitten (Sauerkraut).

Zuchtl, Zuchtsau; schlampige, liederliche Weibsperson.

zuklauben, einer kränklichen Person besonderes Essen zustecken.

Zwiefache, Tanz, bei dem Dreher- und Landlerschritt wechseln, vom geraden (2/4) zum ungeraden (3/4) Takt wechselnd.

Zwilch, kräftiger Leinenstoff für die Arbeitskleidung.

Zwullsuppe, die Köchin zerreibt (zwuzlt) Roggenmehlteig zwischen den Handflächen und gibt das in die Suppe.

Hopfenmuseum in Wolnzach , Ostansicht.

*J*n den vorangegangenen Kapiteln ist vorwiegend die „alte" Hallertau beschrieben; sie musste im Hinblick auf den immer rascher voranschreitenden Wandel festgehalten werden. Dieses Anliegen ist auch weitgehend das Ziel des Deutschen Hopfenmuseums in Wolnzach. Dem Andenken an die Hallertau früherer Tage ist auch der nun schon traditionelle Hopfazupfa-Jahrtag, abgehalten im Kloster Scheyern, gewidmet. Darauf wird in diesem Kapitel eingegangen. Daneben wird versucht, den Wandel und den Weg der Hallertau in ein modernes und von der Industrie geprägtes Zeitalter darzustellen.

DAS DEUTSCHE HOPFENMUSEUM WOLNZACH

Etwa in der Mitte des 20. Jahrhunderts, so um 1960, setzte ein Wandel vom traditionellen Hopfenanbau einschliesslich der „Hopfazupf" auf dem familiären Bauernhof hin zu einem weitgehend von der Technik bestimmten Hopfenbaubetrieb ein. Der Hopfenbau, wie er nahezu einhundert Jahre vorher betrieben worden war, befand sich in einem Wandel und drohte aus dem Bild der Hallertau ganz zu verschwinden.

Gründung eines Vereins

Um eben dies zu verhindern, um die Geschichte des Hopfenanbaues vor dem Verschwinden zu bewahren, kam bei Bürgern von Wolnzach bald der Gedanke auf, dem Hopfen und dem Hopfenbau ein Museum zu widmen. Dies war auch der Grund für die Gründung des „Förderverein Deutsches Hopfenmuseum e.V." im Jahr 1984. Mit Motivation und viel Privatinitiative steuerte man die Errichtung eines Museums an. Schon von Beginn an sammelte der rührige Verein unter seinem Vorsitzenden Norbert Nemetz, der als geistiger „Ziehvater" anzusehen ist, alles was zur Hopfenkultur gehört. Gleichlaufend war das Leben des Vereins von der langwierigen und zeitweise auch nervenaufreibenden Standortsuche für das Museum geprägt. Letztlich entschied sich der Verein für einen Neubau mitten im Marktzentrum von Wolnzach auf dem Gelände des ehemaligen Lipphofes, welcher im Eigentum der Marktgemeinde Wolnzach war.

Planung und Trägerschaft

Im Jahr 2000 wurde für die Planung des Deutschen Hopfenmuseums (nachfolgend DHM) ein Architektenwettbewerb ausgeschrieben, aus dem der Entwurf des aus München stammenden Architekten Prof. Jürgen Krug als Sieger hervor ging. Während der Vorbereitungen zeichnete sich bald ab, dass weder der Verein selbst noch eine einzelne Kommune, etwa der Markt Wolnzach, in der Lage wären, diese Aufgabe aus finanzieller Sicht zu bewältigen. Im Jahr 1990 wurde deshalb der „Zweckverband Deutsches Hopfenmuseum" gebildet, dem nun der Markt Wolnzach, der Landkreis Pfaffenhofen a. d. Ilm sowie der Bezirk Oberbayern angehören. Diese Mitglieder des Zweckverbandes übernahmen zu je einem Drittel die Finanzierung des Museumsgebäudes mit Gesamtkosten von 2,7 Mio. Euro. Für die öffentliche Tiefgarage unter dem Museum (Kosten 1,17 Mio. Euro) kam der Markt Wolnzach auf. Er erhielt dazu Zuwendungen des Freistaates Bayern aus Mitteln der Städtebauförderung. Die komplette Inneneinrichtung (Kosten 550 000 Euro) musste der Förderverein selbst aufbringen, was dank zahlreicher Sponsoren, Förderer und öffentlicher Geldgeber auch gelang. Die jährlichen Betriebskosten trägt der Zweckverband.

Das Ausstellungskonzept

Zunächst im Förderverein und nun als hauptamtlicher Leiter des DHM hat der Münchner Volkskundler Dr. Christoph Pinzl die Idee und

die Realisierung des Museums von Anfang an begleitet. Zusammen mit dem Ausstellungsbüro HundB - Hölzl und Brussig - aus München hat er auf über 1000 Quadratmetern das Museum als große Erlebnisausstellung realisiert. Drei große farblich gekennzeichnete Bereiche führen durch das Museum:

„Die Zeitreise" hält an den wichtigsten Stationen der über 1000-jährigen Hopfengeschichte. Sie beginnt
- *in einer fünf Meter hohen begehbaren Hopfendolde,*
- *erklärt, warum nur weiblicher Hopfen kultiviert werden darf,*
- *erzählt, wie der Hopfen seine „Bierkarriere" machte,*
- *verrät, warum kein Bier in der Welt ohne Hopfen gebraut wird,*
- *zeigt in einer Klimavitrine den ältesten Hopfensamen der Welt,*
- *lädt zur interaktiven Suche nach Hopfenstandorten in Deutschland ein und*
- *beeindruckt mit der teuersten Agrarmaschine aller Zeiten, dem museumseigenen „Eisernen Pflücker".*

„Arbeitsbilder" geben Einblicke in die Hopfenarbeit früherer Tage und
- *stellen mit lebensgroßen Figuren die Mühsal schwerer Feldarbeit nach,*
- *fordern den Besucher am Gerüst-Puzzle als „Hopfenmacher",*
- *berichten von den Feinden des Hopfens und ihrer Bekämpfung,*
- *lassen an Filmstationen alte Hopfenbauern von anno dazumal erzählen,*
- *entführen mit Strohlager und Fotoalbum zurück in die „gute alte Zeit" der Hopfenpflücke und*

- *zeigen eine originalgetreu nachgebaute „Deutsche Hopfendarre".*

Goldene Tore *führen zur Verarbeitung und Verwendung des „Grünen Goldes" und*
- *zeigen als besonderen Museumsschatz die Sammlung alter Waagscheine,*
- *stellen eine Hopfenballotpresse von 1880 aus,*
- *präsentieren Bierflaschen aus aller Welt,*
- *laden zu einem interaktiven Brauerei-Rundgang ein,*
- *erzählen vom Schicksal reicher Hopfenhändler-Dynastien,*
- *verführen beim „Hopfen-Roulette" zum Feilschen um einen guten Ertrag und*
- *zeigen, was mit dem Hopfen passiert, wenn er nicht ins Bier kommt.*

Das Museum ist geöffnet von Dienstag bis Sonntag von jeweils 10 bis 17 Uhr, Führungen gibt es nach Voranmeldung.
Zu erreichen ist das Museum in der Elsenheimerstraße 2 in 85283 Wolnzach, Tel. 08442/7574, Fax: 08442/7115.

PFLEGE DER TRADITION

Trotz oder gerade wegen der Bestrebungen, die Hallertau für Neuerungen zu öffnen, ist es wichtig, Tradition und Kultur in der Hallertau zu bewahren und zu pflegen. Dankenswerter Weise geschieht das auf vielfältige Weise. Eine Einrichtung, die sich dieser Aufgabe stellt, ist der Verein „Bayern, Brauch und Volksmusik" mit Sitz in Rohrbach. Laut seiner eigenen Satzung hat sich der Verein die „Förderung und Pflege der Volksmusik, der Mundart und des bayerischen Brauchtums" zum Ziel gesetzt.

Eine der herausragenden Veranstaltungen des Vereins ist der sog. **Hopfazupfa-Jahrtag.** Die Idee dazu ist entstanden im Anschluss an die Herstellung eines Informationsfilmes über den Hopfen durch den Rohrbacher Willi Stallmeister. Der Jahrtag fand erstmals 1992 im Hof von Jakob Grünberger in Fürholzen statt. Seit einigen Jahren wird er im Prielhof des Klosters Scheyern abgehalten. In der Unterhaltung der zunehmend steigenden Zahl von Besuchern wechseln sich Volksmusikanten, Sänger, Trachtler, Sprüchbeitl und andere Originale auf der Bühne ab.

Der Hopfazupfajahrtag im Prielhof des Klosters Scheyern.

Die Geschwister Reitberger aus Diepoltshofen.

Prominente Hopfenzupfer, links Pater Lukas, rechts MdB Franz Obermeier; rechts: Volkstanz im Prielhof.

Am Abend vor dem Jahrtag wird ein Volkstanz abgehalten, bei dem die Wolnzacher Tanzlmusi zahlreichen Volkstänzern zum Tanz aufspielt.

Zur Pflege bodenständiger Volksmusik hat der Verein einen eigenen **Musikantenstammtisch** eingerichtet. Jeden ersten Dienstag im Monat treffen sich beim Zeidlmeier-Wirt in Rohrbach Musikanten um sich kennen zu lernen und Volksmusik zu spielen. Die Qualität dieses Stammtisches ist nahezu bayernweit bekannt. Ein besonderes Verdienst des Vereins ist es, dass er die Stammtischabende am Sonntag nach Ostern und am Sonntag nach Allerheiligen vorwiegend jungen Musikanten widmet und damit deren Interesse und Liebe zu Volkstum und Heimat weckt. Ein **Volkstanz-Übungsabend** an jedem dritten Montag im Monat ebenfalls beim Zeidlmeier-Wirt in Rohrbach, den Hedi Hartleitner und Max Heckmeier mit seiner Freundin Rosi leiten, sowie ein **Ständchen am Roider-Jackl-Brunnen** auf dem Viktualienmarkt in München zu dessen Geburtstag am 17. Juni runden die Bemühungen des Vereins um traditionelles Leben in und aus der Hallertau ab.

„Hopfenzupfer-Jahrtage" und ähnliche Veranstaltungen (z.B. mit Hopfenzupferwettbewerb) gibt es inzwischen an mehreren Orten in der Hallertau, so u.a. in Haunsbach, Elsendorf und Siegenburg).

DIE HALLERTAU AUF NEUEN WEGEN

Eintönig war die Hallertau noch nie. Das gilt sowohl was die Landwirtschaft als auch die Landschaft selbst betrifft. Beides lebt aber auch vom Wandel und der ist, ob man es glauben will oder nicht, selten so leicht möglich wie in der Hallertau. Die Landwirtschaft in der Hallertau hat von Bodenbeschaffenheit und Klima her nahezu alle Möglichkeiten der Bewirtschaftung. Hinzu kommen die günstige Lage zu den Ballungszentren München und Ingolstadt sowie die hervorragende verkehrsmässige Erschliessung, die viele Möglichkeiten eröffnet.

Die Landschaft

Wer bei der Landschaft von einem Wandel spricht, kann bei flüchtiger Betrachtung auf Widerstand stossen. Hier kommt es aber darauf an, von welchem Standpunkt man ausgeht. Kleinteilige Hopfengärten, natürliche Auenlandschaften und von der baulichen Gestaltung her idyllische Märkte und Dörfer prägten bis in die Mitte des 20. Jahrhunderts die Landschaft. Wie sieht die Hallertauer Landschaft heute aus? Die Hopfengärten sind straff geordnet und bedecken gleich mehrere Hektar Boden an einem Stück, Auenlandschaften sind eng begrenzt, Städte und Dörfer gleichen vielfach Stadtrand- und Industrieanlagen. Das muss für die Hallertau nicht unbedingt ein Nachteil sein. Hopfengärten dürfen in der Hallertau sowieso nicht stören und wo die Bebauung mit Augenmass betrieben worden ist, findet der Hallertauer vom Gesamteindruck her eine Landschaft, mit der er sich identifizieren kann.

Die Landwirtschaft

Wenn die Hallertau auch schon seit langer Zeit als Hopfenland gilt, war der Bauer in früherer Zeit kein auf den Hopfenbau allein fixierter Landwirt. Jeder Hof und jedes kleine Anwesen war ein Mischbetrieb, auf dem Getreide geerntet, Vieh gezüchtet und Hopfen gebaut wurde. Ja, selbst Obstbäume fand man in einem großen Garten und auch Gemüse wurde angebaut. Eine meist begrenzte Fläche Wald gehörte auch dazu. Die dafür notwendigen Gebäude, aus wirtschaftlichen Gründen so knapp wie möglich gehalten, prägten das Aussehen der Dörfer.

Hier hat sich ein deutlich sichtbarer Wandel vollzogen, dessen Ursache die wirtschaftlich bedingte Spezialisierung ist. Heute findet man in der Hallertau viele reine Hopfenbaubetriebe, Betriebe, die sich auf den Anbau von Getreide spezialisiert haben und in geringerem Umfang auch reine Milchviehbetriebe. Zu Beginn des 21. Jahrhunderts finden sich aber vorwiegend noch Mischbetriebe, die in der Regel Hopfen als Haupterwerbszweig haben und daneben eben noch, weil es die Fläche und Lage der Felder hergibt, Getreide anbauen, Schweine züchten, Bullen mästen oder große Mengen Hühner halten und Eier produzieren. Davon kann der Bauer mit seiner Familie in der Regel leben. Dennoch wird die Zahl der Betriebe jährlich kleiner. Aus manchen Vollerwerbs-

Der Chor der Landfrauen des Landkreises Freising wirbt mit Gesang für das Hopfenland Hallertau.

betrieben werden Nebenerwerbslandwirte, aus Nebenerwerbslandwirten werden in der nächsten Generation Arbeitnehmer oder auch Selbständige außerhalb der Landwirtschaft. Meist gibt die wirtschaftliche Situation diesen Weg vor.

Umbruch

Der gesunde Hallertauer Betrieb stemmt sich in der Regel, so lange es geht, gegen diesen Wandel, der letztlich vom wirtschaftlich freien Bauern zum Arbeitnehmer oder zum Inhaber eines wirtschaftlichen Betriebes führt. Um dies abzuwenden, um auch in Zukunft freier Unternehmer bleiben zu können, wird seit einigen Jahrzehnten versucht, Erwerbszweige zu finden und in der Hallertau anzusiedeln, die ein Zusatzeinkommen und somit in Verbindung mit dem Hopfenbau ein auskömmliches Betriebseinkommen sichern. Fremdenverkehr, Urlaub auf dem Bauernhof, der Anbau von Spargel und anderen Sonderkulturen sind die Hoffnungsträger. Auch auf eine Hallertauer Spezialität, den Hopfenspargel, besinnt man sich wieder und Nebenprodukte wie Hopfenreben, Kränze aus Hopfen und Hopfenlikör sollen das Einkommen aufbessern. Selbst die Heilwirkung des Hopfens soll besser genutzt werden.

Tourismus

Um wirtschaftlich überlebensfähig zu bleiben, nutzt man in der Hallertau neuerdings auch das „Kapital" Landschaft. Der einmalige Reiz der Hopfenlandschaft hat Politiker und Fachleute auf die Idee gebracht, Urlauber zu animieren, die schönsten Wochen des Jahres doch gleich in der Hallertau zu verbringen. Die Landkreise Freising, Kelheim, Landshut und Pfaffenhofen a.d. Ilm sehen dies gleichermaßen. Sie haben sich zur „Arbeitsgemeinschaft Hopfenland Hallertau" (ARGE) zusammen geschlossen. Diese hat ihren Verwaltungssitz im Landratsamt Kelheim und wirbt von dort aus für die Hallertau als Tourismusland (Tel. 09441/6834-0, Fax 09441/683410). Daneben wird in sogenannten Werbewochen auf kulinarische Spezialitäten wie Spargel und Wild sowie im Rahmen der Hopfenwochen auf besondere Veranstaltungen hingewiesen.

Mit annähernd dem selben Ziel haben sich Gemeinden der Hallertau im „Tourismusverband Hallertau" organisiert.

Der Doblmair bei Reichertshausen an der B 301 ist einer der Höfe, die neben Landwirtschaft auch Übernachtungsmöglichkeiten bieten.

Der Stadlerhof in Volkenschwand steht für viele andere Höfe in der Hallertau, die Urlaub auf dem Bauernhof bieten.

Freizeitangebot

Die für den Tourismus Verantwortlichen sind sich bewusst, dass es noch vieler Bemühungen bedarf, um die Hallertau ins rechte „Urlaubslicht" zu rücken, um den Gästen die Hallertau schmackhaft zu machen. Es ist jedoch erstaunlich, was an Einrichtungen schon geschaffen ist und welche Möglichkeiten schon angeboten werden. Was liegt näher, als dem Gast im Ursprungsland des Rohstoffes für Bier die Besichtigung

einer mittelständischen Brauerei anzubieten und so zu zeigen, wo man gutes Bier trinken und eine spezielle Brotzeit zu sich nehmen kann. Die Angebote zu einer erlebnisreichen Nutzung der Urlaubszeit reichen u.a. von Angeln, Bademöglichkeiten, Ballonfahrten, Bootswanderungen, Brauereiführungen, Camping, Fahrradvermietung, Freizeitparks, Golf, Jugendherbergen, Klettern, Kutschfahrten, Lehrpfaden, Minigold, Reiten, Rundflüge bis hin zu Wandern und Wohnmobil-Übernachtungsplätzen. Darüberhinaus hat die Hallertau in kultureller Hinsicht erstaunlich viel zu bieten, man denke nur an die Baudenkmale und prächtigen Kirchen. Auch der als Weltkulturerbe eingestufte Limes, der Grenzwall der Römer, sowie zahlreiche Ausgrabungen aus der Römer- und Keltenzeit sind in der Hallertau bzw. in den angrenzenden Regionen zu finden. Hier muss auch das älteste bekannte Heilbad der Welt erwähnt werden, welches unter der romanischen Kirche in Bad Gögging gefunden wurde. Dies ist heute das Römermuseum Bad Gögging. Die jahrhunderte alte Heilbadtradition wird im modernen Kurzentrum in Bad Gögging erfolgreich fortgesetzt.

Übernachtungsmöglichkeiten

Wenn auch die Hallertau noch nicht mit groß angelegten Luxushotels dienen kann, so verfügt sie doch schon seit langer Zeit über solide

Hotels und freundliche Gasthäuser. Wo denn sonst hätten Hopfenhändler, Reisende und Geschäftsleute schon bisher logiert. Mittlerweile haben sich in den Landkreisen Freising, Kelheim, Landshut und Pfaffenhofen a.d. Ilm Hotels, Gasthöfe, Pensionen sowie Ferienwohnungen und Ferienhäuser in einer solchen Anzahl etabliert, dass nahezu alle Bedürfnisse eines Urlaubers und Erholungssuchenden abgedeckt sind. Auch eine ganze Reihe von landwirtschaftlichen Betrieben bieten Ausstattung und Einrichtung, die einen „Urlaub auf dem Bauernhof" ermöglichen.

Nebenprodukte

An anderer Stelle dieses Buches ist schon kurz auf den Spargel im Allgemeinen und auf den Hopfenspargel im Besonderen hingewiesen. Gerade jedoch der **Hopfenspargel** wurde in jüngster Zeit als Hallertauer Spezialität neu entdeckt, die allerdings nur in den Monaten März und April zur Verfügung steht. Das Grundprodukt sind die Sprossen der Hopfenpflanzen, die es dann zu ernten gibt, wenn die Hopfenstöck aufgedeckt werden, d.h., wenn die Erde von den Hopfenstöcken weggepflügt wird. Diese Wurzeltriebe werden von Hand geerntet und dann frisch zubereitet. Gasthäuser und Restaurants, die diese Spargelgerichte anbieten, nennen die Tourismusverbände (s. oben).

Wenn derzeit auch weit über 90 Prozent des Hopfens zur Bierherstellung verwendet werden, so wird in zunehmendem Masse versucht, Hopfen anderweitig zu nutzen bzw. das besondere Aroma des **Hopfens für Lebensmittel** zu verwenden. So werden Wurstwaren, Bratnockerlsuppe, Tee, Gelee, Likör, Essig, und Senf unter Verwendung von Hopfendolden hergestellt. Aus Reben und Dolden bindet man **Hopfenkränze** und schmückt damit Wohnungen. Dolden bilden auch die Vorlage für Keramikschmuck und Gebrauchsgegenstände.

Hopfen fand zu allen Zeiten Verwendung in der **Heilkunde.** Im 19. und 20. Jahrhundert begann man, die Heilwirkung des Hopfens wissenschaftlich zu erforschen. Leider wurden diese Forschungsarbeiten nicht sehr intensiv weitergeführt. Bisher wurde Hopfen vorwiegend für Schlafmittel verwendet. Erst vor kurzem entdeckte man im Hopfen Inhaltsstoffe, die die Entwicklung von Krebs hemmen. Besonders der Inhaltsstoff *Xanthohumel* wird als sehr wirksam angesehen. Möglicherweise wird der Hopfen in Zukunft als Heilmittel wieder stärker genutzt, so wie man ihn bereits vor über 1.000 Jahren schätzte und verwendete.

NAMENS- UND SACHREGISTER

Vorausbemerkung:

In dem Kapitel „Der Sprachschatz der Hallertauer" (S. 117 ff.) sind in alphabetischer Reihenfolge zahlreiche Wörter und Begriffe aufgeführt. Diese Schlagworte sind hier nicht mehr aufgeführt. Es wird empfohlen dort auf alle Fälle auch nachzuschauen.